SUSANNE KRISTEK

NUR DIE LIEGE ZÄHLT

URLAUB UNTER DEUTSCHEN PALMEN

MILENA

Inhalt

Für Michael und Lucie

Mein deutsches Betriebssystem

Ich bin aufgewachsen in der Oststeiermark und sozialisiert in Wien, doch mein inneres Betriebssystem ist ein deutsches. Das merke ich vor allem, wenn ich dem Gatten beim beruflichen Telefonieren zuhöre. Was der rumschwafelt, bevor er zum Punkt kommt! Ich hingegen lege gerne gleich los. Problem – Überblick – Analyse – Lösung. Oder auch keine Lösung. Nachher sehr gerne noch tratschen, aber zuerst die Arbeit. Dann das Spiel.

Ich habe da noch ein paar andere deutsche Eigenheiten. Ich esse gerne pünktlich und rechtzeitig. Nicht wie die Spanier, mitten in der Nacht. Ich liebe Butterbrezen, die »Lindenstraße« und deutschen Schlager. Ich lese fast nur deutschsprachige AutorInnen mittleren Alters und wäre auch sehr gerne selbst eine gefeierte deutschsprachige Autorin. Das Einzige, was ich bisher diesbezüglich erreicht habe, ist das mittlere Alter.

Und: Ich bin offen bekennende Liegenreserviererin. Ja, ich weiß. Man macht das nicht. Nicht mehr. Aber man klatscht auch nicht mehr nach einer erfolgreich absolvierten Landung. Ich halte diese Tradition trotzdem hoch und finde speziell unter deutschen Reisenden stets begeisterte Mitklatscher. Ich mag die Deutschen. Deswegen ist mein bevorzugtes Urlaubsland auch Deutschland. Berlin. Hamburg. Leipzig.

Gestern, einen Tag nach Weihnachten, sind wir im derzeit wärmsten deutschen Ortsteil angekommen: einem All-Inclusive-Club in Khao Lak, Thailand.

Einmal etwas Exotisches für die ganze Familie. Sonne, Sand und würzige Kokossuppen. Strandburgen und neue kulturelle

Erfahrungen für das Kind, thailändisches Bier und viel Entspannung für den Gatten, das hat er sich nach den Dramen der letzten Wochen verdient. Und erste Reihe fußfrei für mich, um mindestens fünf Bücher zu lesen, eines vielleicht sogar selbst zu schreiben und auf jeden Fall drei Kilo abzunehmen. Weil wo, wenn nicht im Urlaub, hat man ausgiebig Zeit, um endlich mit Sport zu beginnen? Im Glanz der aufgehenden Sonne mit wehendem Haar zu joggen?

Wir waren noch nie in Thailand. Doch es scheint, dass die Exotik in diesem Teil des Landes maximal an sprachlich geringfügigen Abweichungen zwischen Nord-, Süd- und Ostdeutschen liegt. Dazwischen ein paar österreichische oder Schweizer Dialekte.

So ein Abenteuerurlaub beginnt für uns Deutsche auf der ganzen Welt ähnlich:

Wir schmieren uns mit hohem Lichtschutzfaktor ein, setzen unsere Baseballkappen und Sonnenhüte auf und treffen uns pünktlich um zehn Uhr zum geführten Hotelrundgang.

Überblick verschaffen!

Ja und so kam es, dass wir gestern in einem Elektro-Golfwagen, gemeinsam mit Frank und Ernie aus Mainz, einmal das Hotel umrundeten. Beginnend beim Geldautomaten, über die Bogensportanlage, bis hin zum Hotelshop. Alles dabei. Nur beim letzten Steilaufstieg zur Rezeption kam der Golfwagen an seine Grenzen, fast wären wir stehen geblieben. Doch wir Deutschen sind praktisch veranlagt und vor allem lösungsorientiert. Ernie hinten sprang ab und schob den Wagen bis knapp vor die Rezeption.

Der Reiseapotheken-Punk

Mein Bruder trägt den Spitznamen Excel-Punk. Weil er in einem Excel-Sheet genauestens darüber Buch führt, welche Punkrock-Festivals er besucht hat. Ich hingegen bin mehr so der Hippie. Innerlich. Aber ohne Achselhaare.

Als Hippie muss man natürlich exotisch und südlich reisen. Mit Flip-Flops und bunten Tüchern und sonst nix im Handgepäck.

Wir reisen auch gern südlich, in Gedanken. In echt reisen wir dann meistens ins Südburgenland. So weit weg wie diesmal waren wir noch nie.

Allerdings weiß ich nicht, ob die Hippies der 60er Jahre auf ihren VW-Busreisen auch so gut vorbereitet waren. Die wilde Uschi Obermaier zum Beispiel, Hippie-Sex-Ikone, hatte was mit zwei von den Rolling Stones, und später ist sie mit einer Hamburger Kiezgröße in einem umgebauten Bus monatelang durch exotische Länder gefahren. Waren die vorher auch im Tropeninstitut und haben dort zwei Monatsgehälter liegen lassen, um ausreichend Impfschutz sicherzustellen? Wir jedenfalls sind abgesichert gegen Diphterie, Cholera, Typhus, Japanische Enzephalitis und allerhand andere Krankheiten. Der Hippie hat vermutlich was geraucht und war dann auch gegen alles immun. Die Frau Obermaier und ihr Strizzi sind übrigens in einem umgebauten Schuh-Werbebus der Marke Salamander gefahren. Unnützes Wissen, Teil 1.

Die Aufregung vor so einem Reiseabenteuer lässt einen aber auch weitere dringliche Spontankäufe tätigen. Stichwort: Reiseapotheke. Sicherheitshalber hat der Gatte noch ein paar Accessoires in der Apotheke geordert. Als ich alles einpacke, kommen mir ernsthafte Zweifel an unserer Hippie-Existenz. Pass auf, was wir dabeihaben:

- Wundkompressen groß und klein
- Leukosilk (Pflaster für die empfindliche Haut)
- Travelgum (für wenn's wackelt)
- Zintona (Reiseübelkeit)
- Iberogast (gegen Magen/Darm-Erkrankungen)
- Dulcolax (wenn nix mehr geht)
- Imodium akut (wenn zu viel geht)
- Antibiophilius (für das Gleichgewicht)
- Octenisept (Wunddesinfektion)
- Hansaplast wasserabweisend (der Allrounder)
- Betadona (Wundgel)
- Insecticum Gel

Um die legendären thailändischen Gelsen abzuwehren, werden wir unsere Langarm-Shirts in einer insektenabweisenden Substanz tränken. Und ich rede noch gar nicht über die Multifunktionsjacken, die extra für die kälteren Gegenden angeschafft wurden. Wir haben ja auch vor, an Ausflügen ins Landesinnere teilzunehmen. Man will nicht bloß Strandtourist sein. So wie ein echter Punk vermutlich selten Excellisten erstellt, trägt ein Hippie möglicherweise auch keine Multifunktionsjacken und importiert auch nicht das gesamte westliche Gesundheitssystem ins Urlaubsland. Aber gut, es kommt auf die innere Haltung an. Und sind wir da nicht alle Punks und Hippies?

PS: Die Uschi Obermaier hat übrigens auch noch Jahre nach dem Tod ihres Lebensgefährten in dem umgebauten Schuh-Bus gewohnt. Unnützes Wissen, Teil 2.

Wir holen uns die Wiener zurück

Nachricht von daheim. Meine frisch geschiedene Freundin Lisa schickt eine Nachricht mit einem Selfie neben einer Ortstafel. Poppendorf steht da drauf.

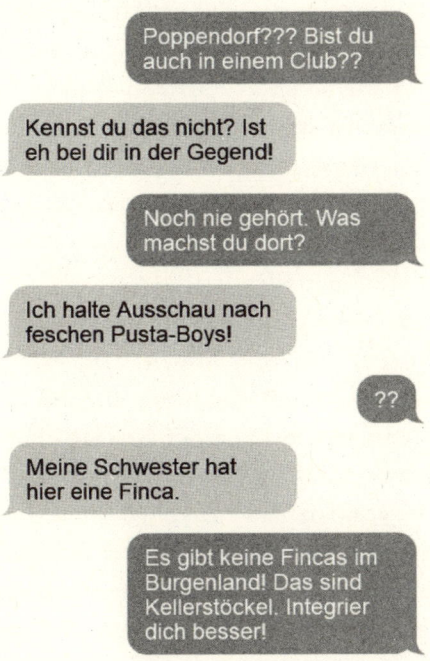

Au weia, wenn jetzt die Wiener das Südburgenland gentrifizieren, Fincas errichten und Ausschau nach Pusta-Boys halten, sehe ich schwarz für die völkerverbindende Freundschaft zwischen den Bundesländern. *Pusta-Boys!* Wem bitte fällt so was ein. Die wird gleich wieder ausgewiesen werden aus Poppendorf und das schöne Burgenland nie wieder weiter als bis zum Designer-Outlet-Center Parndorf betreten dürfen! Integration beginnt im Urlaub.

Darum heißt es auch nicht mehr Fremdenverkehr, sondern »Urlaub bei Freunden«!

Wobei ich da eh noch ein Urlauberintegrationstrauma habe. Als ich einst Kind war, waren wir an einem warmen Sonntag im Frühling beim Kirchenwirt essen. Es muss irgendein akuter Feiertag gewesen sein, denn man ging damals nicht einfach so ins Gasthaus essen. Ich tippe auf Muttertag, denn es war schon warm. Ich durfte zum ersten Mal meine neuen, schneeweißen Sandalen ausführen, und überall in den Gasthäusern wurden die Mütter ausgeführt. Normalerweise waren in diesen Gasthäusern neben den Kirchen eher Sommerfrischler und Urlaubsgäste anzutreffen. Aber an besonderen Hochamtsfeiertagen übernahmen wir Einheimischen wieder den Vorsitz. Und saßen in sicherer Distanz nebeneinander. Kulinarisch waren beide Seiten voll integrationswillig, die Wiener aßen gern Bauernschmaus, wir vom Land hingegen gern Wiener Schnitzel. Mit einer Scheibe Zitrone, oder wenn das Gasthaus etwas Besseres war, sogar mit Preiselbeeren. Neugierig blickte jeder über seinen Tellerrand hinaus und zu den Fremden hinüber. Manchmal wurden unter uns Kindern auch zarte Bande der Freundschaft geknüpft. Obgleich die sprachliche Hürde eine nicht zu unterschätzende Barriere bildete, auch wenn die große Hauptstadt Wien, wo die meisten Sommerfrischler her waren, eigentlich nur 120 Kilometer entfernt war. Ohne Autobahn bedeutete das damals noch drei Stunden Fahrt über kurvige Bergstraßen.

Am Nebentisch an diesem warmen Frühlingssonntag saß ein Sommerfrischler-Ehepaar. Die Sommerfrische dürfte aber das einzig Frische in ihrer Ehe gewesen sein, denn sie hat ihn von der Suppe (Leberknödel) bis zur Nachspeise (Birne Helene) angekeift. Vorwiegend ging es um das Schuhwerk. Und dass man für die Sommerfrische die guten Schuhe nicht hätte beanspruchen müssen. »Man trägt hier Gummistiefel!«, sprach sie. Ich schaute auf meine Füße hinunter, die den Wirtshausboden noch nicht erreichten, auf meine wunderschönen weißen Sandalen, und verstand die Welt nicht mehr.

Später war ich selbst auch nicht besser. Das ferne Wien kannte ich nur aus der beliebten TV-Serie »Ein echter Wiener geht nicht unter«. Das war für mich das echte Wien. Ich wusste nichts von Hietzing oder dem Burgtheater. Als ich zum ersten Mal nach Wien kam, erwartete ich, dass hier alle Familien ihre Badewannen in der Küche hätten und man sich abends rund um den Esstisch versammelte, um viel Bier zu trinken und sehr laut miteinander zu sprechen. Vielleicht braucht der Mensch solche Klischees zur ersten groben Orientierung. Alle Kärntner singen. Alle Schwaben sind sparsam. Alle Tiroler tragen Lederhosen. Alle Wiener sind grantig. Die Berliner noch mehr. Darum mag ich die auch so.

Die Wiener kamen sehr gern zu uns auf Urlaub. Mir gefiel das auch gut, weil es etwas Exotisches in meinen Alltag brachte. Schließlich gab es zu der Zeit noch kein Internet, sondern zwei Fernsehkanäle und Vierteltelefone. Manchmal fuhr ich heimlich mit meinem roten Rennrad zu den touristischen Hotspots unserer Gegend und hielt nach den Fremden Ausschau. Beim Natur- und Waldlehrpfad oder im Freibad. Je älter ich wurde, desto genauer schaute ich, bis irgendwann einer zurückschaute. Mein erster Freund. Ein Wiener!

Auf einmal gab es brasilianische Telenovelas im Fernsehen (»Die Sklavin Isaura«), und ich hatte einen Wiener Freund! Das war der Beginn meiner persönlichen Globalisierung. Vor lauter Freude wollte ich mit meinem Integrationswillen bei ihm Eindruck schinden. Nach unserem ersten romantischen Abend sagte ich zu ihm: »Baba, i drah mi jetzt ham.« Das kannte ich von einem Wolfgang-Ambros-Lied vom Sender ORF Burgenland, der bei uns immer lief, weil wir so nah an der steirisch-burgenländischen Grenze wohnten. Was ich damals nicht wusste, war, dass »I drah mi ham« bedeutet, dass man schwer suizidgefährdet ist und ein letaler Ausgang des Abends im Raum stehen könnte. Später hörte sich das mit der Sommerfrische leider auf. Die Wiener sind weitergefahren nach Italien oder Jugoslawien. Oder gleich nach Griechenland geflogen. Da war auf einmal alles möglich. Aber wir Steirer und Burgenländer steckten nicht traurig die Köpfe in den Sand, sondern Bohrmaschinen in die Erde. Und siehe da, wir fanden Thermalquellen! So holten wir die Wiener wieder zurück und bauten ihnen gleich noch eine Autobahn dazu, damit das mit der Anreise schneller geht.

Ich will mich nicht integrieren! Nur schauen. Hab mich jetzt bei Tinder angemeldet.

Viel Glück!

Flughafen Doha

Als wir vorgestern um 4 Uhr früh völlig übermüdet und unterkühlt am Flughafen in Doha gebeten wurden, den Pool zu verlassen, hätte ich auch eine kürzere Anreise bevorzugt. Da fiel mir das mit der Sommerfrische und den warmen Thermalquellen wieder ein. Wir wären einfach eine Stunde über die Autobahn A2 gefahren, hätten eine kurze Pause bei der Raststation eingelegt, wären einmal kurz um 50 Cent aufs Klo gegangen und hätten dann einen Kaffee gekauft, um die 50 Cent wieder hereinzuspielen.

16

Weil wir ausgefuchst sind, hätten wir uns gleich so einen Kaffee genommen, wo man das Häferl gratis dazubekommt. Win-win für alle! Eine Stunde später wären wir samt dem neuen Häferl auch schon am Urlaubsziel gewesen. Aber nein, ich wollte ja ein Abenteuer für die ganze Familie! Statt auf einer Raststation im Wechselgebiet hatten wir also einen Zwischenstopp in Doha. Dort bekamen wir gleich einen kleinen Einblick, welche unverhofften Abenteuer so eine Reise bereithalten kann. Dabei hatte ich mir Doha so spektakulär vorgestellt. Wie eine orientalische Telenovela. Emirate, Ölscheichs und Prinzessinnen, Kaffee aus güldenen Tassen. Aladin und die Wunderlampe. Tausendundeine Nacht. Die bezaubernde Jeannie. Major Nelson und Major Healey. So weit, so unrealistisch. Flaschengeist gab es natürlich keinen. Den hätten wir eher wieder in der steirischen und burgenländischen Thermenregion gefunden. Einen Uhudler-Flaschengeist!

Aber in Doha am Flughafen ist nichts aus irgendwelchen Flaschen gesprungen, auch sonst ist dort nichts herumgesprungen, weil um vier Uhr früh das komplette arabische Flughafenwunderland geschlossen war. Also blieb uns nichts anderes übrig, als nach einer Schlaf- oder zumindest Liegemöglichkeit für die kommenden sechs Stunden Ausschau zu halten. Die einzige Liegemöglichkeit, die ich auf meiner Doha-Flughafen-App fand, war ein Spa mit Schwimmbad. Ein Schwimmbad mitten am Flughafen, das noch dazu 24 Stunden geöffnet hat, wo gibt's denn so was?! Wenn Geld keine Rolle mehr spielt, gönnt man sich ein Schwimmbad am Flughafen. Sehr klug von den Scheichs! Tourismusmagnet, sag ich nur. Vielleicht hätten wir unsere Thermalbäder auch näher an die Autobahn heranbauen sollen? Oder zumindest so kleine Teaser-Sprudelbecken entlang der Parkplätze aufstellen? Es gibt eh kaum was Grauslicheres als Autobahnparkplätze.

Für wen man ein Schwimmbad an einem Flughafen 24 Stunden lang offen hält, war mir zwar nicht klar, aber dass es für die nächsten sechs Stunden für uns sein würde, das war mir klar. Weil wenn ich von der vielen Thermenbaderei eines gelernt habe: Wo ein Schwimmbad ist, da sind auch Liegen zum Schlafen!

Liegen waren zwar da, auch ein großes Becken zum Schwimmen, aber es war so kalt, dass an Schlaf nicht zu denken war und wir unsere komplette Freizeitkleidungskollektion auftragen mussten. Drei Urlauber in Jogginganzügen dürften wohl nur suboptimal in das Designkonzept vom Flughafen-Spa gepasst haben.

Kaum dass ich meine warmen Kuschelsocken unter dem Handtuch ausgestreckt hatte, wurde ein freundlicher Servicemitarbeiter zu uns entsendet, um uns höflich davon in Kenntnis zu setzen, dass das Verweilen am Pool leider nur in Badekleidung erlaubt sei. Nicht dass wir jemanden gestört hätten, wir waren allein dort! Und es war 4 Uhr früh. Vielleicht war das aber auch die Antwort auf das Vermummungsverbot, das bei uns daheim gerade eingeführt worden war. Frei nach dem Motto: Wenn wir in der noblen Wiener Kärntner Straße unsere Frauen nicht mehr einwickeln dürfen, dann müssen sich die Wiener hier eben auswickeln!

Leider war mit dem Mitarbeiter nicht zu verhandeln, weder dass er die Heizung hochdrehte, noch dass wir weiter in unseren Jogginganzügen bleiben durften. Also zogen wir uns wieder bis auf die Badekleidung aus und rollten uns mehrfach in alle verfügbaren Spa-Handtücher ein. Durch geschickte Umleitung der Atemluft in die Handtuchrolle hinein war es uns möglich, die Körpertemperatur um gefühlte 2–3 Grad anzuheben. Ein autarkes Wärmekraftwerk! Irgendwann schliefen wir vor Ermüdung ein. Ich träumte von den warmen Thermalquellen daheim und von der feierlichen Eröffnung einer Infrarotkabine gleich neben den Klos auf dem Autobahnparkplatz. Mit Blasmusikkapelle und

Gottesdienst-Segnung. Der Segen hielt nicht lang an. Nach einer halben Stunde wurden wir wieder geweckt. Da war er wieder, der freundliche Mitarbeiter, diesmal mit drei weiteren freundlichen Mitarbeitern und zahlreichen Stativen, Kameras und Beleuchtungen. Der Spa-Bereich war plötzlich taghell, die Scheinwerfer waren wie Flutlicht auf uns gerichtet. Uns wäre auch das egal gewesen, wir hätten in unseren Handtuchrollen gern weitergeschlafen. Aber der freundliche Mitarbeiter informierte uns, dass nun ein Fotoshooting stattfinden würde. OHNE Publikum. Weswegen wir das Spa leider sofort zu verlassen hätten. Selbstverständlich sei man bereit, das bezahlte Eintrittsgeld zu retournieren. Ein Fotoshooting um 5 Uhr früh … genau! Für meinen Geschmack wäre das ein schöner Moment für den Auftritt des Flaschengeists gewesen. Aber dafür hätten wir wohl auch nach Poppendorf fahren müssen, und nicht so weit wegfliegen.

Sie legen ihre Männer ab

Ich finde es ja prima, direkt mit dem Handtuch am Strand zu liegen. Ohne Liege. Weil da ist immer erste Reihe fußfrei zum Meer und ich habe keinen Stress mit dem Reservieren der Liegen. Da kann sich die Mutti morgens mal entspannen, sag ich immer …

Allerdings hat der Gatte so eine Auffälligkeit in puncto Sand. Die mussten den schon als Kleinkind in Spanien direkt aus dem Meer heben und freischwebend über den Strand auf das Handtuch hieven. Kein Körnchen Sand durfte mit ihm in Berührung kommen. Falls doch, musste der kleine Prinz mit Wasser übergossen und abgespült werden. Aus dem Sandspielbecher oder dem Sangria-Kübel, was der Familie eben grad zur Hand war. Zweiteres eher …

Auch unser Kind hat nach den ersten Tagen mit Handtuch am Strand angemerkt, dass es gerne wie die normalen Gäste auf einer Liege liegen würde. Mit Schirm und Tischerl in der Mitte. Also suche ich frühmorgens den Tatort auf. Strandliegen! Und es bewahrheitet sich wieder eines: Beim *Tatort* und im Fußball sind die Deutschen einfach besser als wir Ösis. Ich bin um halb neun Uhr morgens natürlich viel zu spät dran. Jede Liege belegt! Aber nicht nur irgendwie belegt, sondern nach einem ausgeklügelten Muster, das ich sofort durchschaute: Mann – Buch – Mann – Buch.

Auf jeder zweiten Liege ein herrenloser Mann. Ich hab in meiner langjährigen Erfahrung als Liegenchecker schon viel gesehen, aber das ist selbst mir neu. Warum legen die da ihre Männer ab?

Neugierig streife ich also durch die Reihen auf der Suche nach freien Liegen. Buch – Mann – Buch, wie ein offener Bücherschrank, ein Paradies für mich! Der Spruch »Du kannst in mir lesen wie in einem offenen Buch« traf nie besser zu. Ohne die Menschen hinter den Reservierungen zu kennen, erstelle ich als glasklare Profilerin astreine Psychogramme anhand der abgelegten Bücher. Da die Krimi-Fraktion, Fitzek & Co. Die lesen nur im Urlaub, daheim kommt man ja zu nix. Dort Romane wie »Die Geschichte der Bienen« oder »Der Gesang der Flusskrebse«. Das sind die interessierten Vielleser. Eher so in meinem Alter aufwärts. Dann die frechen, frischen Frauenromane. Cover gerne in türkis oder rosa. Jungmütter mit wenig Zeit zum Lesen, die nur das Hirn auslüften wollen. Oder auch »Global Business Relations«, das sind die mit den aufgestellten Polohemdkrägen, die mit dem Handy am Ohr gschaftig im Vorgarten ihrer privaten Beachvilla auf und ab gehen und internationale Befehle durchgeben.

Und es gibt noch die »Café am Rande der Welt«-Leser. Die vom Aussteigen aus dem Hamsterrad träumen, yolo (you only live once), aber bitte vor dem Background geregelter Essenszeiten hier im Club.

Und dazwischen die Männer. Allein. Besitzerlos.

Zum Glück erspähe ich weiter hinten noch drei freie Liegen, die ich schön mit unseren Handtüchern und einem Buch in Beschlag nehme.

Später, als wir nach dem Frühstück die Liegen wieder aufsuchen, löst sich das Rätsel um die frei liegenden Männer. Unsere reservierten Liegen sind nämlich wieder leer. Handtuch weg. Mein Buch weg. Nur ein Zettel, der draufpickt – mit der Bitte, keine Liegen zu reservieren, weil das Personal die leeren Liegen nach 45 Minuten wieder abräumen müsse. Man könne sich sein Zeugs dann gerne bei der Handtuchabgabe wieder abholen.

Und da verstehe ich auch endlich, warum die Frauen hier ihre Männer ablegen! Die kann keiner wegtragen!

Alles haben sie schon erfunden, die Menschheit fliegt ins All, aber die Sache mit den Strandliegen hat noch keiner schlau in den Griff gekriegt.

Der Häuptling der Indianer

»Das Licht am Klo kann auch der Betriebsrat nicht beeinflussen.«

Der Gatte liegt auf seiner Liege und spricht mit geschlossenen Augen. Schläft er? Träumt er? Wenn ja, was ist das für ein seltsamer Traum? Sicher, das hat ihm schon zugesetzt in den letzten Wochen, zuerst die Kündigungswelle, dann der Firmenverkauf.

Die Unsicherheit, die Angst, die vielen betroffenen Mitarbeiter. Wie wird es weitergehen? Ich mache mir langsam Sorgen. Vielleicht träumt er gerade, dass er als Betriebsrat der Letzte sein wird, der die Firma verlässt. Letzte Kuh macht Türe zu! Oder wie heißt der Spruch? Der Letzte dreht das Licht ab. Ich mache mir wirklich Sorgen. Dabei hätte er diesen Urlaub dringend notwendig, um abzuschalten und nicht an dieses ganze Drama zu denken. Jetzt liegt er hier und träumt, dass er das Licht abdreht ... am Klo.

»Du, da kann ich wirklich nichts mehr machen«, sagt er jetzt. Der Arme, diese Machtlosigkeit. Wenn du nichts mehr tun kannst für die Kollegen. Das macht ihm zu schaffen. Ich schleiche mich langsam von hinten an, will ihn nicht aufwecken.

»Das ist eine Zeitschaltuhr«, redet er weiter im Schlaf. Jössas, Zeitschaltuhr! Da brauche ich nicht mal mein Traumdeutungsbuch befragen, das kann ich auch so deuten. Er spürt eine Bombe ticken, der Druck, die Existenzangst, das ist alles zu viel. Mir tut das so leid. Ich werde ihn gleich aufwecken, hole aber vorher noch schnell ein Getränk von der Beach Bar, das wird ihn beruhigen. Der All-inclusive-Cocktail-des-Tages nennt sich »Royal Explosion«. Das klingt gut. Er hört die Bombe ticken, und ich nähere mich mit der Royal Explosion.

Als ich mich über ihn beuge, um das Cocktailglas auf dem kleinen Tischchen abzustellen, werfe ich einen Schatten auf sein Gesicht. Er reißt die Augen auf.

»Sorry, ich wollte dich nicht aufwecken. Du hast im Schlaf geredet.«

»Nein, ich habe gar nicht geschlafen. Ich habe mit einem Kollegen aus der Lohnverrechnung telefoniert.«

»Oje, gibt es Probleme wegen der Gehaltsabrechnung?«, frage ich besorgt und bin froh, dass ich den All-inclusive-Cocktail genommen habe und keinen von der Karte, den man extra hätte bezahlen müssen. Jetzt gilt es den Gürtel enger zu schnallen! Jetzt müssen alle ran!

»Nein, nein, er wollte nur wissen, ob ich als Betriebsrat etwas machen kann, damit das Licht am Klo länger eingeschaltet bleibt.«

»Wie bitte?«

»Die Zeitschaltuhr, die geht irgendwann aus, und er möchte, dass man die Intervalle verlängert.«

Diese Forderung kann ich gut nachvollziehen. Manchmal finden dringende geschäftliche Sitzungen eben länger als ursprünglich anberaumt statt, wer kennt das nicht? Und wenn dann mittendrin das Licht ausgeht, hast du zwei Möglichkeiten. Bis zum Ende der Tagesordnung (»Allfälliges«) in völliger Dunkelheit weiter vorgehen. Oder aber mit heruntergelassener Hose in den vorgelagerten Waschraum hoppeln, um dort nach ein bis zwei Hampelmännern zu hoffen, dass der Bewegungsmelder vom Licht schneller anschlägt als eventuell ein Kollege den Waschraum betreten könnte.

So ein Büroklo ist ein Pulverfass an potenziellen Peinlichkeiten. Nie werde ich vergessen, wie mein erster Chef in einem großen Unternehmen mit vielen Mitarbeitern den langen Gang vom Klo in sein Büro zurückmarschierte. Ich stand gerade beim Kopierer, und als er bei mir vorbeikam, sah ich, dass ungefähr ein halber Meter Klopapier hinten aus seiner Hose hing! Was tut man da? Hinlaufen wie beim Flag-Football und dran ziehen? Nichts sagen? Ein anonymes Mail schreiben (»Sie haben da was aus der Hose hängen!«), seiner Sekretärin einen Hinweis geben? Das ist übel, für alle Beteiligten.

»Aber da kann der Betriebsrat leider wirklich nichts machen«, fährt der Gatte fort. »Da muss er sich an die Facility wenden.«

Facility, mein Lieblingswort seit der Erfindung englischsprachiger Berufsbezeichnungen. Was war denn schlecht am Wort »Hausmeister«?

»Und das ist so dringend, dass er dich deswegen im Urlaub anruft?«

»Es hat ihm eh leidgetan. Ich glaube, er hat auch nur einen Grund gesucht, um mit mir zu reden, er hat dann auch noch gefragt, ob ich schon Näheres wegen der Kündigungen weiß.«

»Und weißt du?«

»Nein. Keiner weiß mehr. Wir müssen alle abwarten. Ich kann den Leuten aktuell leider auch nicht mehr helfen«, sagt er und schaut traurig aufs Meer.

»Prost«, sag ich und halte ihm die Royal Explosion hin, weil mir kein besserer Trost einfällt.

»Prost«, antwortet er, »aber eines habe ich ihm sagen können.«

»Was denn?«

»Dass wir nicht kampflos aufgeben werden. Weil aufgegeben wird nur ein Brief!«

Und wer sollte das besser wissen als er! Ein ehemaliger Postler, der vor 30 Jahren seine Berufung als Betriebsrat bei der Post gefunden hat. Oder besser gesagt, die Berufung hat ihn gefunden. Oder noch besserer gesagt, der Kollege Studeny hat ihn gefunden.

»Wüst du net Jugendvertrauensobmann werden?«, hat ihn der Studeny vom Postamt 1080 Wien gefragt, als der Gatte dort Lehrling war. Das macht einen natürlich schon sehr stolz. Ganz gerade hat er sich hingesetzt in seinem Postamtsdienstsessel und gefragt: »Wirklich? Warum genau ich?« Erwartet und erhofft hätte er sich ein paar Lobesreden auf seine Person. Irgendwas mit »Vertrauen«, »Verantwortungsgefühl«, »Stolz« oder »Teamplayer«.

»I wü mi endlich nimma um die Theaterkoartn kümmern miassn«, hat huldvoll der Studeny geantwortet, und kurz danach war der Gatte Jugendvertrauensobmann, sowohl vom Postamt 1080 als auch von den angrenzenden Postämtern 1070 und 1090. So fing das alles an mit der Betriebsratslaufbahn. Inzwischen greift das auch immer mehr in unser Familienleben über. Wir sind regelmäßig dazu angehalten, sämtliche Maßnahmen zu boykottieren, die Arbeitsplätze gefährden könnten. Der Schutz von Arbeitskräften und Arbeitsplätzen ist die oberste Maxime. Also tanken wir nicht auf Automatentankstellen. Wir checken niemals beim Self-Check-in ein. Wir benützen auch keine Selbstbedienungskassen im Supermarkt. Da steht man dann schon ab und an einsam und verloren an der Kassa, mit einer einzigen traurigen Wurstsemmel in der Hand und wartet, bis jemand kommt, um das Geld höchstpersönlich und arbeitsplatzschützend entgegenzunehmen.

Wir warten im Theater, bis wir platziert werden, und natürlich verwenden wir auch keine Post-Self-Service-Boxen. Die schon gar nicht! Bei so viel Automatisierungsverweigerung mag ich mir gar nicht vorstellen, wie der Postamtsjugendvertrauensobmann damals die Einführung der elektronischen Mail aufgenommen hat. E-Mail statt Briefe! Der Untergang der Postamtskultur! Konnte damals ja noch keiner ahnen, dass sich das nur verlagert. Dass man als Postbeamter zukünftig statt parfümierter Liebesbriefe Waschmaschinen aus dem Online-Versandhandel ausführen wird. Das wäre was für den Gatten-Papa gewesen, er hätte die Waschmaschinen nicht nur zugestellt, sondern sie auch noch angesteckt.

Der Gatten-Papa war auch Postbeamter. Hochbeliebt im ganzen Zustellbezirk, und besonders unter den Kollegen. Weil er wunderbar singen konnte, und mit seinen legendären Gus-Backus-Darbietungen (»Brauner Bär und weiße Taube«) jeden Betriebsausflug zu einem musikalischen Highlight machte.

Betriebsausflüge kommen ja auch irgendwie aus der Mode. Heute macht man lieber Teambuilding-Activities, wo man ein Floß bauen muss. Gemeinsam mit Kollegen, die man vielleicht gar nicht so leiden kann. Vorher nicht. Nachher auch nicht. Oder sich gemeinsam vom Hochseilklettergarten abseilen, weil nur so kann man die »Experience« erleben und seine persönlichen Grenzen und auch die des Teams kennenlernen. Oder einen Barfußlauf machen, um fünf Uhr früh im Schnee (!) durch den Wald (!) mit verbundenen Augen (!) und im Team aneinandergebunden. Weil nur so lernt man, sich blind aufeinander zu verlassen. Die Möglichkeiten, sich mit seinem Team zu »builden«, werden immer ausgefuchster und kreativer. Es gibt Lach-Yoga im Team oder den Beziehungskonto-Tag. Dort wird dein persönliches Beziehungskonto analysiert, in das die Kollegen einzahlen. Wer warum und wie viel einzahlt. Man ist natürlich angehalten, sich auf die positiven Einzahlungen zu konzentrieren. Da darf man dann aus sich rausgehen und sagen: »Du bist bei mir im Beziehungsplus, liebe Kollegin XY, weil du mich immer beim Kopierer vorlässt.«

Aber auch die Wünsche der Kollegen in puncto Teambuilding werden immer anspruchsvoller. Letztens erzählte mir der Gatte, dass ein Mitarbeiter mit dem Wunsch an den Betriebsrat herangetreten sei, gewisse Unstimmigkeiten in seinem Team mit einer Aktivität aus dem Weg zu räumen. Der Vorschlag des Kollegen: Panzer fahren in der Slowakei! Man hat sich dann auf einen Baggerpark in Wien-Simmering geeinigt. Dort können erwachsene Menschen einen Tag lang baggern. Gebaggert hat man damals am Postamt auch, nur dass dieses Teambuilding-Event noch schlicht und einfach *Betriebsausflug* geheißen hat. Gerne auch mit Motto: Spanferkelessen in der Steiermark oder Pusta-Kutschenfahrt ins Burgenland mit anschließendem Ritteressen. Das Highlight beim Ritteressen war, dass man das fettige Fleisch mit den

Fingern angreifen, Alkohol aus großen Krügen trinken und nachher laut rülpsen durfte. Ja, sogar *musste*, wenn man ein echter Ritter sein wollte! So nah kommt man sich menschlich nie wieder, als wenn man mit Kollegen gemeinsam rülpst.

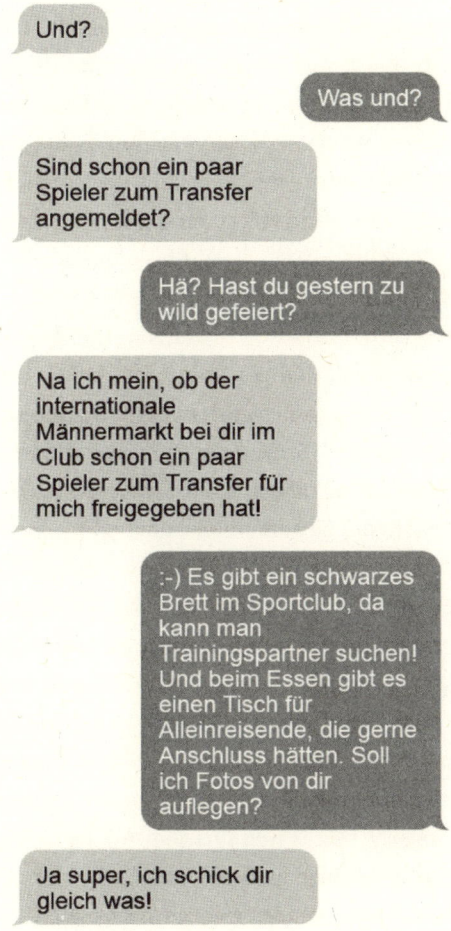

Und?

Was und?

Sind schon ein paar Spieler zum Transfer angemeldet?

Hä? Hast du gestern zu wild gefeiert?

Na ich mein, ob der internationale Männermarkt bei dir im Club schon ein paar Spieler zum Transfer für mich freigegeben hat!

:-) Es gibt ein schwarzes Brett im Sportclub, da kann man Trainingspartner suchen! Und beim Essen gibt es einen Tisch für Alleinreisende, die gerne Anschluss hätten. Soll ich Fotos von dir auflegen?

Ja super, ich schick dir gleich was!

DJ in Residence

Good morning Thailand! Die Sonne scheint schon bei der Balkontür rein, ein neuer Tag beginnt im Paradies unter Palmen! Mit Sport starten wir erst morgen, heute müssen wir die Strandbar inspizieren. Vor allem weil im Tagesprogramm des Clubs bei den Event-Highlights angekündigt wird, dass heute DJane She-Star auflegt. Ich finde, She-Star klingt wie Skistar, und muss gleich an unsere österreichischen Skistars Michi Dorfmeister und Lizz Görgl denken. Die Lizz Görgl hat jetzt eh eine Musikkarriere am Start, also wer weiß?

Die Strandbar hat im vorderen Bereich diese coolen Sitzsäcke. Ich mag die gern, aber sie sind in der Handhabung gefinkelt. Weil unbedarft zum ersten Mal einfach so reinfallen lassen – großer Fehler! Du kommst nämlich nie wieder ohne fremde Hilfe hoch. Zweiter Risikopunkt: Wenn du vorher nicht die Füllung (Reis? Kugeln? Was ist da eigentlich drin?) mit dem Arsch unauffällig in Form schiebst, kannst du auch nie halbwegs menschlich draufsitzen. Sitzsack-Neulinge erkennt man sofort: am Hohlkreuz, Bauch nach vorne raus. Oberschenkel liegen flächig auf. Mehr muss ich nicht dazu sagen, oder? Und man darf natürlich niemals ein entsprechend großes Handtuch zum Drunterlegen vergessen. Nicht nur wegen der hygienischen Gründe, nein, auch weil man schwitzt und dann körperlich eins wird mit dem Sitzsack. Und das Loslösen macht ein sehr unangenehmes Geräusch.

So weit, so sexy. Wir lassen uns also auf die chilligen Sitzsäcke in der Strandbar fallen. In meinem Fall: Ich drapiere das XL-Badetuch, trete mit dem Fuß leicht gegen den Sack, um die Sitzposition aufrechter zu gestalten und presse mit dem Ellbogen eine kleine Kerbe hinein, bevor ich dann auch so tue, also würde ich mich völlig unbedarft fallen lassen. Auf den Säcken neben uns liegen schon vereinzelt Handtücher, ohne Bewohner. Jetzt geht das hier auch schon los! Nachdem ich mich noch circa dreimal umgeruckelt habe, um die Sitzposition zu optimieren, bin ich endlich im Entspannungsmodus angekommen und kann den Ausblick genießen. Wir schauen auf das Meer und die Sonne, die langsam untergeht. Ich schaue noch zusätzlich, ob die Lizz Görgl schon kommt. Sie war letztes Jahr auch Gewinnerin der ORF-Show »Dancing Stars«. Vielleicht gibt sie uns Tanzstunden. In diesem Club wird einem wirklich viel geboten.

Der Sand ist noch sehr warm unter meinen Füßen, vorne am Meer bauen Kinder Sandburgen. Ein paar sexy Influencerinnen posen für Selfies vor dem Sonnenuntergang und shooten sich mehrfach gegenseitig. Die Mütter der Sandburgenkinder fotografieren ihre Kinder im Sonnenuntergang. Die Väter der Sandburgenkinder müssen zuerst nassen Sand aus dem Meer für die Burgen holen und danach die Mütter neben den Kindern vor dem Sonnenuntergang fotografieren. Dazwischen fällt der eine oder andere Vaterblick auf die sexy Influencerinnen, dann wieder zurück auf das Schlammküberl und dann wieder auf die sexy Influencerinnen.

»Schatz, fällt dir auf, dass keiner mehr Selfie-Sticks verwendet?«, frage ich den Gatten. Nur dem fällt grad überhaupt nichts auf, er starrt wie gebannt in die andere Strandrichtung, aber nicht auf sexy Bikinigirls, sondern auf zwei Hotelangestellte, die ein weißes Kastl zum Strand tragen. Schaut aus wie eine Bühne oder ein Podest.

»Schau, die bauen da ein DJ-Pult auf!«, sagt er, dessen größtes Hobby das Musikauflegen ist. Meine Frage hat er nicht mal wahrgenommen. Er saugt hochkonzentriert mit dem Strohhalm an seinem Cocktail, gleich ist er leer, und starrt weiterhin gebannt auf die Performance des Aufbauteams. Es folgen noch zwei weitere Männer, die Kabel und Lautsprecher aufbauen. Sicher muss er gerade daran denken, wie so ein Aufbau für einen DJ-Einsatz bei ihm immer abläuft. Wie er mit dem großen Tramper-Rucksack die Mischpulte und Kabel zu den Einsatzorten schleppt. Die Boxen, den Verstärker. Je nachdem wie groß die Veranstaltungslocation ist, bei der er gebucht ist. Dann die Lichtanlage und noch zahlreiche Kabel und Kisten mit undefinierbaren Dingen. Wofür er so viel Zeug braucht, hab ich mal gefragt. Ob das nicht heutzutage schon reichen würde, wenn er sein Handy mit Spotify an einen kleinen, aber leistungsstarken Lautsprecher hängt?

Na gut. Nie wieder habe ich Fragen zum DJ-Equipment gestellt, auch nicht, was die DJs eigentlich immerzu in ihren Kopfhörern hören, wenn sie den Kopf so schief halten. Und ob man sich da nicht vorher daheim schon vorbereiten könne, ob das wirklich notwendig sei.

Auf jeden Fall, wenn er alles reingeschleppt hat, beginnt der brisante Teil: aufbauen und zusammenstecken! Dazwischen muss er achtgeben, dass die Kinder nicht über das Kabel stolpern oder die Urlioma mit dem Rollator hängen bleibt und dann von den Boxen erschlagen wird. Das ist bei den Hochzeiten die größte Gefahr. Wenn er für Firmenjubiläen oder Weihnachtsfeiern gebucht wird, lauern wieder andere Gefahren. Dass die Polonäse zu wild wird, oder der Abteilungsleiter die neue Kollegin zu stark ans Mischpult drückt. Und immer muss er einsatzbereit sein, wenn jemand eine Rede halten will. Da heißt es dann, Stimmung langsam drosseln, Tontechnik bereithalten, Mikro ein, Tusch und los geht's!

Einen besonderen Tusch hat er letzten Sommer erlebt. Er war bei einem jungen Rechtsanwalt in seiner noblen Wiener Villa auf dem Schafberg gebucht. Zu Beginn hat er mir noch fleißig Fotos geschickt, vom schönen Pool, dem schönen Garten, den noch schöneren Gästinnen, die in ihren High Heels gefährlich nah am Pool gestöckelt sind. Dann ein Foto vom Caterer, der zufällig ein alter Hawara aus seiner Schulzeit war. Das Personal kennt sich, sozusagen. Dann Fotos von den Miniaturschnitzeln und Kaviarbrötchen. Videos, wo die Partycrowd schon ein bissi in Stimmung kommt und zu tanzen beginnt. Und dann abruptes Ende. Kein Foto mehr! Kein Video mehr! Überhaupt nix mehr! Vor lauter Aufregung hab ich nicht schlafen können, bis er zwei Stunden später heimkam. Völlig durchnässt. Auch die ganze DJ-Ausrüstung war nass. Natürlich wollte ich dringend wissen, was da los war. Bis er erzählte, dass die Stimmung sehr schnell sehr gut geworden ist. Alle haben getanzt und gelacht und gegessen und getrunken. Nur gebadet hat keiner, im Pool waren nur die Einhorn-Floaties. Dann wollte der Hausbesitzer die Schwimmsaison eröffnen, so wie beim Opernball das Tanzen. Alles Walzer und viel Vergnügen, sagen die ja dort! Der Villenbesitzer hat aber nix gesagt, er ist in den ersten Stock raufgegangen, hat eines der bodenhohen Fenster geöffnet und seinen Gästen von oben zugewunken. Das wäre der Moment für »Alles Walzer und viel Vergnügen« gewesen. Er aber kletterte auf das Geländer von dem kleinen Balkönchen und sprang vom ersten Stock direkt in den Pool. Der Gatte stand mit seinem DJ-Equipment zehn Zentimeter neben dem Pool und bekam die ganze fette Welle ab. Den Rest der Nacht hat er sein Mischpult geföhnt.

Die Hotelangestellten sind inzwischen mit ihrem Aufbau fertig. Es folgt ein Auftritt des Hotelmanagers und die Ankündigung von Special DJ in Residence She-Star. Was DJ in Residence heiße, will ich wissen. »Die ist jetzt auf Tournee, und ein paar Tage in dem Club gebucht!« – »Das heißt, die ist gar keine richtige Hotelangestellte?«, frage ich nach. »Nein, die tritt da nur ein paar Tage auf, als Gastkünstler.«

Jössas! Was für ein Lotterleben! Ich könnte mir so ein Gattinnenleben an der Seite von so einem DJ in Residence durchaus vorstellen! Wir reisen von Club zu Club, wobei ich jetzt nicht von einem Club zum Tanzen rede. Sondern von einem All-inclusive-Urlaubsclub. In meiner Generation ist das der einzige Club, den wir so nennen. Das andere heißt bei uns immer noch Disko! Diskothek! Jetzt Auftritt She-Star. Eine sehr große, blonde, sehr schlanke Frau, die in etwa mein Alter haben dürfte, betritt die Bühne. Cooles Outfit, sexy, aber nicht bitchy. Sie trägt weiße Shorts. Hallo, wer kann bitte noch weiße Shorts tragen? Außer die 20-jährigen Influencerinnen, die noch immer eifrig mit ihren Selfies beschäftigt sind. Die haben von der Star-DJane bisher noch keinerlei Notiz genommen. Ganz im Gegensatz zu uns. Ich will ihre Figur. Der Gatte will ihren Job!

»Das wär mein Traumjob«, sagt er. »Ja frag halt, ob du auch einmal da auflegen darfst«, sag ich, und klinge dabei wie die Mutti, die ihr Kind ermutigt, die anderen Kinder zu fragen, ob es mitspielen darf. »Die ist ein Star«, sagt er und schaut jetzt in sein Handy, und ich ahne, auf wessen Website er gerade ist. »Die ist schon in Mauritius, Ibiza und Barcelona und überall auf der Welt aufgetreten!«

Mir gefällt die Vorstellung immer besser. Er tritt an diesen schönen Orten auf, und ich fahre mit und schreibe derweil in den schönsten Strandbars der Welt wunderbare Bücher. Manchmal erkennt man mich und ich signiere dann die tollen Bücher. Was für ein Leben! Nur dass halt bisher leider noch kein Buch von mir irgendwo erschienen ist.

Wenigstens ein Artikel von mir erscheint demnächst, nämlich in der nächsten Ausgabe der Zeitschrift *Federstiel*, der Mitgliederzeitschrift des steirischen Roseggerbunds. So was wie der Fanclub unseres berühmten Dichters Peter Rosegger. Vom Waldbauernbub zum gefeierten Dichter. Ich habe nach einem Ausflug in seine schöne Waldheimat darüber geschrieben und es in meinem Blog veröffentlicht. Dann habe ich mich beim Roseggerbund angebiedert und ihnen den Text zur kostenlosen Veröffentlichung angeboten. Und siehe da, er wurde angenommen. Es läuft sozusagen richtig gut. Von der Waldheimat hinaus in die weite Welt.

Der Gatte wischt weiterhin auf seinem Handy rauf und runter. »Du musst mal auf ihre Website gehen«, sagt er. »Die hat wirklich schon in den Top-Locations aufgelegt und ein eigenes Management, das die Buchungen organisiert!«

Das hast du auch, denk ich mir, nur weißt du noch nix davon …

Am nächsten Tag in der Früh schicke ich eine Nachricht an eine befreundete Wiener Familie, der zahlreiche Restaurants, Bars und Clubs in Wien gehören. »Hallo, sorry für die Störung. Aber ich bin auf der Suche nach einer Location für ein kleines Fotoshooting. Es müsste nur wie eine Disko ausschauen und einen DJ-Platz haben. Könnte ich das bei euch vielleicht untertags mal machen, wenn die Putzfrau gerade da ist oder so?«

Der Gatte wacht auf und fragt mich, was ich da mache. Nix, sage ich, Managementzeug.

Warst du im Tunnel auf Urlaub?

Ich kann etwas, was nur wenige können. Während die meisten Menschen mit jedem Tag Strandurlaub dunkler werden, werde ich täglich heller! Bereits an Tag zwei habe ich den Break-even mit den restlichen Strandliegern erreicht. Das heißt, die sind dann so braun wie ich. Nur dass es bei ihnen anschließend rapide weitergeht in Richtung Urlaubsbräune und bei mir rapide zurückgeht in Richtung keltische Kellerprinzessin. Darum mache ich auch alle Urlaubsselfies ausschließlich in den ersten zwei Tagen.

Als Jugendliche war das ein Drama für mich. Rundherum haben sich alle mit Tiroler Nussöl eingeschmiert oder gleich mit Olivenöl, um möglichst schnell möglichst braun zu werden. Braun wie Thomas Anders von *Modern Talking*, das war das Ziel! Ich war Dieter. Damals ist man noch stundenlang in der Sonne gelegen, warst du nicht braun, warst du nicht auf Urlaub! Ich kenne alle, und damit meine ich, wirklich *alle* Sprüche, die es in Zusammenhang mit strahlend weißer Haut geben kann. Warst du im Urlaub in einem Tunnel? War es schön im Keller? Hautkrebs war noch kein Thema, zumindest hat es sich nicht herumgesprochen. Wir hatten gerade erst Tschernobyl überstanden, der Feind hieß jetzt saurer Regen und nicht warme Sonne. Ein Schattenplatz im Schwimmbad war wertlos.

Letztes Jahr riet mir ein Hautarzt bei der Routinekontrolle, mit meinem Hauttyp Sonneneinstrahlung nicht südlicher als Helsinki zu genießen. Als ich nachher heimkam, hab ich gegoogelt, wohin mich zukünftige Reisen führen könnten. Viel bleibt da nicht mehr übrig, sag ich nur. Je nachdem wie touristisch erschlossen die Ostsibirische See ist, wäre das eine Option. Grönland oder Alaska. Wien sei eigentlich für meinen Hauttyp schon nicht mehr zu empfehlen, meinte der Arzt damals. Nichtsdestotrotz unterliege ich immer wieder den Verlockungen südlicher Urlaubsländer. Maturareise nach Griechenland. Ich war dabei! Was für ein Highlight. Ein Sonnenbrand war damals noch ein Statussymbol.

Wenn du am ersten Tag keinen ordentlichen Sonnenbrand oder Knutschfleck aufgerissen hattest, warst du nicht dabei. Ich

werde in der Regel bis zum allerletzten Urlaubstag für einen Neu-
ankömmling gehalten. Das hat aber auch tolle Vorteile, zumindest was die Ausgabe der Willkommenscocktails betrifft.

Vor ein paar Jahren wendete sich allerdings das Blatt. Beim
Durchblättern einer Frauenzeitschrift entdeckte ich einen Artikel
über Airbrush-Tanning, das mittlerweile raus ist aus der Ecke der
Bodybuildershows. Das jetzt breitenwirksam ist. Und das Wichtigste für mich: Das es jetzt auch in Wien gibt! Schon zwei Stunden später stand ich nackt in einer gekachelten Kabine und ließ
mich von einer jungen, sympathischen Mitarbeiterin mit brauner
Farbe anspritzen. Hossa! Fiesta Mexicana! Ich wurde zur dunklen
Senorita! Diese künstliche Bräune hält ungefähr eine Woche an,
wenn man selten ins Chlor- oder Salzwasser geht, sogar länger.

Genau so eine Senorita-Verwandlung wollte ich noch schnell
vor dem thailändischen Reiseantritt machen. Also bin ich am 24.
Dezember gleich in der Früh ins Soli. Das ursprüngliche Tan-
ning-Studio, das ich damals aus der Zeitschrift hatte, gab es leider
nicht sehr lange. Dafür sind einige andere Solarien hellwach geworden und auf den Zug aufgesprungen. Zack, prack wurden
manche Kabinen ausgetauscht. *Proletentoaster*, wie wir in Wien
zärtlich sagen, raus, Sprühanlage rein. Und in so einer umgebauten Soli-Sprühanlage stand ich dann heimlich am Weihnachtstag.
Der Gatte dachte, ich wäre noch schnell was für die Bescherung
besorgen. So weit daneben lag er eh nicht. Stichwort: Bescherung!

Soli samt Mitarbeiterin waren zwar sehr weihnachtlich dekoriert, aber leider nur sehr mäßig motiviert. Ob ich eh wüsste, wie
das so geht? Dieser eine Satz war dann auch schon die Einschulung für das Airbrush-Tanning. Ich war von den kleinen grünen
Miniatur-Tannenbäumen auf den Fingernägeln der Soli-Mitarbeiterin so abgelenkt, dass ich die Antwort an der richtigen Stelle
verabsäumte. Das letzte Mal war ich vor zwei Jahren in so einem

Studio, was kann sich da groß geändert haben? Und ja, das Peeling habe ich natürlich vorher daheim gemacht. Das war natürlich eine Lüge, denn das Peeling halte ich für einen Verkaufsschmäh, um ihre Peelingprodukte zu verkaufen. Ich arbeite im Marketing! Ich kenne die Tricks! Aber ich hatte vorher geduscht und mich rasiert. Die Klinge war schon so stumpf, das geht bestimmt als Peeling durch.

Und so kam es, dass im ganzen Land Christbäume geschmückt und Weihnachtskarpfen mariniert wurden, während ich in würdevoller Haltung mit leicht gespreizten Beinen nackt in einer umgebauten Solariumkabine stand und wartete. Das heißt, ganz nackt war ich nicht, denn ich hatte Klebesohlen an den Füßen. Klebesohlen sind eine tolle Erfindung! Das sind Einwegfußsohlen, die man sich auf die Fußsohlen klebt, wenn man barfuß gehen will oder muss, so wie in meinem Fall, damit nicht die ganze Sprühfarbe auf den Fußsohlen pickt und man dann kohl-rabenschwarze Füße hat. Das kommt auch nicht gut am Strand. Wozu man sonst Einwegfußsohlen benötigen könnte? Keine Ahnung. Irgendwann war mir auch schon fad mit meinen Einwegfußsohlen, aber leider war immer noch keine Mitarbeiterin in Sicht. Jetzt ist das eine blöde Situation. Soll man rausgehen und schauen, wo sie bleibt? Wenn man nackt ist? Rufen fände ich unhöflich. Nein, stillhalten und abwarten. Die Zeit nützen, im Kopf nochmal die Gepäckliste durchgehen. Überlegen, ein Packerl Einwegfußsohlen zu klauen, falls es im Flugzeug keine Schlafbrillen gibt. Irgendwie war es außerhalb meiner Kabine verdächtig ruhig. Ist die heimgegangen und hat mich nackt im Soli eingesperrt? Vergessen?

Dann endlich hörte ich die erlösende Stimme. Offenbar musste sie noch ein dringendes Telefonat beenden. »Nein, Jäcki. Heute muss i hackeln und kann nicht chillen kommen. Nach der Hacke muss ich zu meinen Oiden, die machen voll den Terror wegen den scheiß Weihnachtsfest, Oida!«

DEM! Es heißt *dem* scheiß Weihnachtsfest, dachte ich mir. Die soziale Talfahrt beginnt immer mit der unsachgemäßen Verwendung des dritten und vierten Falls. Wem oder was. Die Kontrollfrage für den Dativ lautet:»Wem oder was?« Aber ich stand nackt und mit erhobenen Händen in der Box, nicht gerade die beste Position für schlaue Belehrungen.

»Okay, ich muss Schluss machen«, sagte sie dann,»hör' ma sich später.« Auch das kein ganz korrekter Gebrauch eines Reflexivpronomens, doch auch diese kleine Spitzfindigkeit verkniff ich mir.

Dann ging es los. Sie kam zu mir in die Kabine rein und schraubte an einen Schlauch mit einer Sprühdose dran einen von drei Kanistern, die in der Kabine bereitstanden. Sie bat mich, die Arme seitlich vom Körper wegzustrecken, und fuhr mehrfach mit der Sprühdüse rauf und runter. Als sie fertig war und ich mehrfach gewendet wie ein Schnitzel beim Panieren, kam der obligatorische Standventilator zum Einsatz. Da heißt es dann: ruhig stehen bleiben und trocknen. Beim Trocknen fiel mir die Farbe zum ersten Mal als seltsam auf. So hatte das bisher noch nie ausgesehen. Aber das künstliche Licht war auch schlecht und ich vertagte die Inspektion auf daheim. Bei besserem Licht. Daheim dann riss der Gatte zuerst die Tür und dann die Augen weit auf. Ob ich durch den Rauchfang gerutscht sei? Oder zu nah hinter einem LKW spaziert? Das alles klang für mich nicht unmittelbar beruhigend und ich suchte sofort das Badezimmer auf. Und tatsächlich! Eine metallisch blau-schwarze Schicht überzog meinen gesamten Körper. Besonders stark metallisch schimmerte es im Gesicht, auf dem Kinn und an der Oberlippe! Ich hatte einen Sprühbart!

Schon ahnte ich die Wurzel des Übels: Hatte sich die engagierte Soli-Mitarbeiterin in der Farbe geirrt? Wurde mir statt »Middle European« der Farbton »African« aufgetragen? Der Gatte lachte laut. Er musste sich erst einfinden in seiner neuen Rolle als Gatte der Magda aus »Verrückt nach Mary«. Googelt die mal, dann wisst ihr, wer gemeint ist!

> Tinder ist ein Wahnsinn.
> Entweder sie sind nur
> auf vögeln aus oder
> wirklich arm. Du darfst
> da nie drauf. Du hättest
> zu viel Mitleid!

> Und hast schon wen
> gefunden?

> Ja warte, ich schick dir
> mein heutiges
> Gustostückerl:

Es folgt ein Tinder Screenshot mit Profilbild. Prinz, 43, posiert im Halbdunkeln auf Waschbetonplatten neben einem Holzstoß. Vorher dürfte er noch schnell den Boden für das Foto hergerichtet haben, weil ein blauer Besen lehnt noch am Holzstoß. Er trägt eine Haube, es scheint kalt zu sein. Verstörend ist, dass auf der Haube kleine Bärliohren wegstehen. Noch verstörender ist, dass er eine Langwaffe im Arm hält. Flinte, Schrotgewehr, so was in der Art.

Oh Pupsibaum

Sicherheitshalber habe ich mir die Farbe daheim dann doch wieder abgewaschen. Der volle Farbton entwickelt sich nämlich beim Airbrush-Tanning erst nach sechs bis acht Stunden. Mir hat der Sprühbart schon gereicht, ich wollte bei der Passkontrolle in Thailand keinen Vollbart rechtfertigen müssen. Also habe ich alles wieder abgewaschen und zugeschaut, wie der blauschwarze African-Schimmer in den Abfluss der Badewanne geronnen ist.

Deswegen liege ich jetzt wieder schneeweiß auf meiner Liege unter Palmen. Farblich bin ich eins mit dem hellen Sandstrand und der cremefarbenen Aufliege der Liege. Ohne das bunte Handtuch würde am Ende gar keiner sehen, dass da schon länger wer liegt …

Wenn du nach stundenlanger Verweildauer mal wieder von deiner Liege aufstehst und dir dann ganz laut eine Naht im Oberteil reißt, ist das nur halb so schlimm. Weil wirklich schlimm ist es, wenn sich dieser Riss anhört wie ein Pups! Die Kölner (meine Vermutung, sie klingen nämlich wie Big Brother Jürgen) links von mir glauben jetzt, dass ich spontan aus meinem Gewand rausgeplatzt bin, während die Bayern (die sind zweifelsfrei als solche zuordenbar) rechts die Nase rümpfen und mich für eine Schoasserin halten.

Die No-Sports-Pille

Würde irgendjemand auf der Welt Sport machen (also anstrengenden mit Schwitzen und so), wenn es eine Pille gäbe, mit der man alle Ziele, die man mit Sport erreichen will, auch so erreichen kann? Zum Beispiel auf der Couch oder im Bett? Das diskutierte ich kürzlich mit einer Freundin und wir waren uns bei der Antwort sehr einig …

Hier im Hotel gibt es offenbar auch solche sportlichen Neigungsgruppen. In der Früh beim Frühstück kommen die schon top ausgestattet daher und bedrängen dich mit ihrer subtilen Sportausstrahlung. Während ich meine Pancakes mit reichlich Milchreis übergieße (die haben da Kokosmilchreis!), stehen die Supersportis beim Sprossenbuffet (Superfood!) und häufen Tomaten auf ihre Tellerchen. Ist das vielleicht wie bei den Haustieren? Dass man langfristig beginnt, sich zu ähneln? Also ich meine jetzt Frühstücksteller und Besitzer.

Die Frühstücksteller der Sportler sind gesund, knackig und mit roten Backen … Bei mir ist alles weich (Pancakes) und weiß (Milchreis).

Und am Ende wartet da wieder das schlechte Gewissen. Wieso bin ich nicht schon sporteln? Stattdessen liege ich faul am Strand rum und träume von meinem sportlichen Alter Ego. Dabei blättere ich in der aktuellen Ausgabe von *Woman*, einem österreichischen Frauen- & Lifestyle-Magazin. Für die Ausgabe zum Jahresende haben sie online nach Frauen gesucht, die darüber berichten, was sie im nächsten Jahr gerne Neues ausprobieren würden. Weil ich schnell bin in Sachen-ausprobieren-Wollen, habe ich mich gleich gemeldet und lese jetzt das Interview mit mir selbst und meinen drei Ausprobier-Vorsätzen:

1. Sie würde gerne ein Buch schreiben.

2. Einen Halbmarathon im Ausland laufen. (Anmerkung der Autorin: Überhaupt mal Sport in Erwägung zu ziehen wäre hierbei sehr hilfreich!)

3. Eine Kolumne in einem Magazin über Bücher schreiben.

Was Punkt 2 betrifft, fällt mir die Sache mit der Pille wieder ein. Das Einzige, wo ich mir vorstellen kann, dass Sport wirklich Spaß macht, ist, wenn man so einen Hobbyfußballverein hat. Wo man zuerst mit Freunden spielt und nachher viel trinken geht. Aber erstens kann ich nicht Fußball spielen und zweitens wären mir 90 Minuten ehrlich gesagt auch schon wieder zu lang. Mir würde eine alkoholunterstützte Literaturgruppe auch reichen.

Don't forget Momo

Er hat jetzt einen neuen Freund. Bereits zum dritten Mal beobachte ich dieses seltsame Treiben. Er kommt immer zur gleichen Zeit, zwischen Nachmittagsjause und -cocktail. Meine Zeitrechnung hat sich mittlerweile komplett auf Mahlzeiten umgestellt. Er trägt einen braunen Korb mit sich, so einen geflochtenen, wie wir ihn in der Steiermark zu Ostern zur Fleischweihe vorne in die Kirche stellen. Mit einem gestickten Kreuzstich-Deckerl drüber und wohlriechendem Selchfleisch drinnen.

Ohne die lokalen Thai-Sitten und -Gebräuche hier näher zu kennen, schließe ich aus, dass der Thai-Mann Geselchtes, Kren und Eier feilbietet. Bisher habe ich ihn immer knapp versäumt, entweder war ich grad im Wasser oder auf dem vergnügten Weg von oder zur Cocktailbar.

»Wer ist denn das, mit dem du da immer sprichst?«, frage ich den Gatten. »Das ist Momo«, sagt er. »Momo and his spices.« Warum er jetzt englisch mit mir redet, weiß ich nicht. Aber »Spices« verstehe ich gerade noch. Ich bin ein Kind der 90er. Ginger Spice, Sporty Spice, Baby Spice. Ich kenne sie alle. »Willst du Gewürze kaufen?«, frage ich. Notiz an mich selbst, googeln, ob Thailand für Gewürze bekannt ist. »Und falls ja«, füge ich hinzu, »was machst du mit denen? Die Kartoffelsuppe vom Buffet nachwürzen?« – »Nein, ich tratsche nur freundlich mit dem Mann«, sagt er. »Aber wenn du so lange redest, musst du dann nicht auch was kaufen?« Ich arbeite im Verkauf, mehr oder weniger. Ich kenne alle Schmähs: persönliche Beziehung herstellen, Verbindlichkeit aufbauen, Kaufabschluss tätigen!

»Nein, ich bin nur freundlich«, sagt der Gatte.

»Aber bitte kauf nix, wer weiß!« Notiz an mich selber, googeln, ob in Thailand nicht krass hohe Strafen auf den Besitz illegaler Gewürze stehen!

Am nächsten Tag liegen wir wieder am Strand, gut aufgebahrt nach einem kleinen, ortsüblichen Snack. Heute gab es eine zünftige bayrische Weißwurstparty. Mit Brezen, Senf, Weißbier und viel blauweißer Deko. Ich mag ja die Bayern sehr, schon allein wegen des Dialekts. Und wegen der *Polizeiinspektion 1*. Lange Zeit wollte ich Polizistin werden, um Seite an Seite mit Franz Schöninger, Bertl Moosgruber und dem lieben Helmut Heinl meinen Dienst zu versehen. Es gab damals noch kein Satelliten- oder Kabelfernsehen. Wir hatten zwei österreichische Programme, FS1 und FS2, Fernsehen 1 und Fernsehen 2. Auf einem lief wöchentlich die *Polizeiinspektion 1* und hat uns ein kleines Guckloch in die deutsche Nachbarschaft eröffnet. Leider bin ich nicht mehr ausreichend gewachsen, um bei der Polizei aufgenommen zu werden, es gab damals noch Mindestgrößen.

Wie ich da also am Strand liege, mit der Weißwurst im Bauch und Inspektor Heinl im Kopf, höre ich eine Stimme rufen. »Hello Mister!« Der Mister neben mir ruft zurück: »Hello Momo!«, und macht dazu die Klatschwinkhand. Momo kommt jetzt direkt auf uns zu und geht vor unseren Liegen in die Hocke. Ich stelle mich schlafend. Ich will nichts damit zu tun haben. Vor Gericht kann ich immer noch sagen, ich hätte nichts gesehen und war nicht dabei.

»You buy spices today?«, fragt Momo.

»Ah sorry, we are here in paradise another ten days, we buy later, my friend!« Hat er jetzt *my friend* gesagt?

»Yes, but I am only here for three days«, antwortet Momo.

No genau, ich durchschaue diesen Hütchenspielertrick sofort! Druck aufbauen durch zeitliche Verknappung!

»My sister is going to marry next week. And I have to buy some presents for her!«

Sicher! Jetzt auch noch der familiäre Intimitätstrick.

»You wanna see my beautiful sister?«

Na Moment einmal! So weit kommt es noch. Vielleicht heiratet die ja wirklich nächste Woche, aber es ist noch offen, wen? Und mich will er mit den illegalen Gewürzen für die nächsten 25 Jahre im Gefängnis festhalten, ich bin doch nicht blöd! Schade eigentlich, ich wäre vielleicht wirklich eine sehr gute Unterstützung für die *Polizeiinspektion 1* gewesen. Ich zupfe den Gatten am Handtuch. »Holen wir uns noch ein Weißbier?« Ich habe sie nämlich auch drauf, die Tricks! Bier statt Hochzeit unter Palmen!

> Heute Abend treff ich mich mit einem Kandidaten. Nur schauen.

> Ja das sag ich beim Shoppen auch immer. Ich schau nur. Und nachher bin ich immer pleite.

> Ich will wirklich nur schauen

Sauna zum Mitsingen

Was mir bei unserem geführten Hotelrundgang zu Beginn gleich aufgefallen ist: Das Sport- und Wellnessangebot hier ist riesig. Ich könnte von jetzt an bis zur Abreise durchgehend Sport machen und die Anlage mit gestähltem Körper verlassen. Da würden sogar die Metalldetektoren am Flughafen anschlagen. Aber man soll ja nix überstürzen, von null auf hundert ist sicher nicht gesund. Also beginne ich erst mal mit der genauen Analyse des Angebots, um das für mich Passende zu finden. Freundlicherweise haben sie im Fitnessraum eine kleine Entscheidungshilfe ausgehängt.

»Which kind of workout is the best for me?«

Und dann kann man auswählen, welcher Typ man eher ist. Der Muskeltyp, der Fatburning-Typ oder der Energy-Typ. Diese Art von Typanalysen kenne ich aus meiner 20-jährigen Berufslaufbahn schon gut. Ich habe schon Typanalyse mitverursacht.

Welcher Zahnpastatyp bist du? (Abends Elmex, morgens Aronal – dann bist du fix Deutscher!) Welcher Rasierklingentyp bist du? (Sensible Haut oder eher der suizidale Ritschiratschityp?) Ich weiß auch schon, welcher Workout-Typ ich bin. Der Savasana-Workout-Typ. Einst absolvierte ich eine Schnupperstunde Yoga und das war die Position, wo du flach auf dem Boden liegst und ruhig atmest. Savasana, auf Deutsch Ruhehaltung oder Totenstellung, sonst nix. Das war schön.

Aber damit werde ich keinen Halbmarathon packen, also schau ich mich doch noch einmal im Sportangebot des Clubs um. Die Hälfte davon klingt so modern, dass ich es nicht verstehe. Zumba, Strong Zumba, Functional Workout, Core Abs, Pilates, Faszientraining. Faszien halte ich ja sowieso für den Marketinggag des Jahres. Wo bitte hat es in unserer Kindheit Faszien gegeben? Eben! Und heute braucht jeder gut sortierte Haushalt mindestens eine Faszienrolle. Der Gatte kam mal topmotiviert von einer dreiwöchigen Knie-Reha zurück. Mit einem Stundenplan für danach. So saß er dann jeden Abend mit einer betonharten Rolle auf dem Boden vor dem Fernseher und rollte. Nach vor, zurück, nach vor, zurück, nach vor, zurück, nach vor, zurück. Wäre wenigstens irgendein Putztuch draufgewesen, hätte man das Ganze mit sinnvoller Hausarbeit kombinieren können. Dann hätte er die ganze Wohnung abrollen können. Gerne. Darüber hinaus waren auch noch an diversen nicht beweglichen Möbelstücken bunte Bänder montiert. Grüne, rote, gelbe. Das waren die Therabänder in unterschiedlichen Stärken. Mit diesen vollzog er einbeinige Übungen. Mein persönliches Highlight: das gelbe Theraband vor dem Herd.

Dort stand er und rührte das Gulasch um, während sein linker Knöchel mit dem gelben Gummiband an die Fußleiste der Küche gebunden war. Das ist die wahre Emanzipation: Wenn Männer angeleint in der Küche stehen! Seine Zähne putzte er wochenlang ausschließlich in der Abfahrtshocke, um die Oberschenkelmuskulatur zu stärken. Da brauchst du dann auch nicht mehr lang fragen, welcher Zahnpastatyp das ist … Nach ein paar Wochen war der Spuk wieder vorbei, und der Stundenplan für daheim verschwand in einem Kastl in der Versenkung, wie das halt so ist mit den guten Sportvorsätzen. Kennen wir alle.

Auf jeden Fall zurück zum Sportprogramm im Club. Es gibt auch die Kategorie »Hot Iron«. Da frage ich mich schon wieder, was das sein soll. Sportliches Bügeln? Bügeln in Abfahrtshocke? Und was soll ich da bitte bügeln im Urlaub? Die Bettwäsche der Urlaubsgäste? In meinem ersten Ferialjob mit sechzehn hab ich einen Sommer lang im Keller eines Hotels Bettwäsche gebügelt. Es hatte 36 Grad Außentemperatur und ich war gemeinsam mit einer Bügelmaschine im Kellerraum gefangen. Mein einziges Highlight war ein Radio mit Doppelkassettendeck und der neuen Kassette mit dem Soundtrack der Rocky Horror Picture Show. Mein Bügelpensum ist für alle Ewigkeit erfüllt.

Schon besser gefällt mir die Kategorie »Relax«. Auch hier gibt es zahlreiche Angebote. Es gibt sogar eine Sauna, obwohl man hier draußen im Freien auch ziemlich gut schwitzen kann. Besonders vielversprechend klingt »Sauna-Aufguss & Live Singing – Aufguss in der finnischen Sauna mit 90 Grad, textilfrei mit Live-Gesang«. Das notiere ich mir gleich in meinen Stundenplan für auswärts, weil mit Saunasingen kennen wir uns aus. Vorletztes Jahr im Skiurlaub haben wir das quasi miterfunden!

Wir waren in den Kärntner Bergen in einem Familienskihotel. Jens aus Thüringen war dort nicht nur Chef der Skischule im Hotel, sondern auch ein exzellenter und hochinnovativer Saunameister. Seine Spezialität war die »ukrainische Sauna«. Mitten im Saunagang gingen wir alle im Gänsemarsch raus und wälzten uns nackt im Schnee. Dann wieder rein und weiter mit dem Aufguss. Keine Ahnung, was die Ukraine damit zu tun hat.

Letztes Jahr dann wieder eine super neue Erfindung: Sauna mit Musik! Jens hatte zu Weihnachten einen neuen Lautsprecher bekommen. Jahre zuvor war ein echter Saunaweltmeister im selben Skihotel gewesen, der Aufguss mit Musik gemacht hatte, hat uns Jens erzählt. Was ein Saunaweltmeister kann, kann der sympathische Jens schon lange. Allerdings hat er wohl nicht mit den Kristeks gerechnet, die das Konzept gleich interaktiv erweiterten.

Weil der Herr Kristek ist DJ und die Frau Kristek hat eine Lesebühne zum MITSINGEN. Also völlig klar, was folgen musste:

Beim ersten Lied (»Senza una donna«, Zucchero) haben alle brav geschunkelt. Das stellte sich aber schnell als wenig praktikabel heraus, denn niemand will auf dem Nachbarn kleben bleiben, wenn alle nackt sind und der Aufguss kurz bevorsteht.

Beim zweiten Lied (»Piano Man«, Billy Joel) motivierten der Gatte und ich schon alle zum Mitsingen. Eine Dame in der dritten Reihe gab alles bei der Textzeile »There is an old man, sitting next to me …« Sie lachte laut und haute ihrem überraschten Sitznachbarn schwungvoll und eins mit dem Takt der Musik auf den Oberschenkel.

Der Gatte wäre natürlich kein guter DJ, wenn er das Publikum nicht auch gut unterhalten würde. Dass das Publikum in der Sauna eigentlich nicht sein Publikum war, spielte für ihn keine so große Rolle. Auf sein Kommando »Und jetzt alle die Hände nach oben und im Takt der Musik links, rechts, links …« hin, kam dann auch Jens voll in Fahrt und wachelte mit seinem Handtuch links, rechts, links. Er freute sich sehr, dass seine Idee mit der Musik so gut ankam! Besonders stimmungsvoll war der Moment, als die volle Sauna »Sing us a song, you're the Saunaman! Sing us a song tonight« anstimmte.

Das deutsche Buffet

Wir haben eine Kernkompetenz in der Gatten-Familie, in die ich eingeheiratet habe: Erlebnisgastronomie! Egal ob Knödel-Kirtag, Schnitzel-Wettessen oder Gansl-Festspiele, wo ein kulinarisches Event ist, dort sind wir! Wir versammeln uns an großen, buffet-nahen Tischen, also die eine Hälfte von uns. Die andere Hälfte ist draußen rauchen. Danach folgt ein ständiges Sesselrücken und Positionswechseln, vor allem bei »All you can eat«-Buffets. Das nehmen wir wörtlich!

Jahrelang sind wir bei jeder sich bietenden Feiermöglichkeit im Chinarestaurant Reumannplatz im 10. Wiener Gemeindebezirk. Nicht weil das so ein asiatischer Geheimtipp wäre, sondern weil das Buffet günstig und umfangreich sortiert ist und auch gebratene Garnelen beinhaltet. Und weil es einen großen runden Tisch gibt, wo wir alle Platz haben und man sich gegenseitig Essen und Getränke zudrehen kann. Die Schwiegermutter thront dann immer wie eine Bienenkönigin vor ihrem Volk und lässt sich von den beweglicheren Enkelkindern die gebratenen Garnelen bringen. So lange, bis eben keine Garnelen mehr da sind. Währenddessen unterhalten wir uns quer über den Tisch in unterschiedlichen Formationen, was bei einem runden Tisch sehr gut geht. Dass bereits ein Gespräch im Gange ist, stört niemanden, der Nächste erhöht einfach die Lautstärke um einige Dezibel und überschreit die bereits Sprechenden. Es muss auch immer ein bestimmter Tisch sein, nämlich der zwischen Buffet und Raucherhof. So schreien wir uns seit Jahren an im Chinarestaurant Reumannplatz, von Tischplatz zu Tischplatz, von Tischplatz zu Raucherhof, von Raucherhof zum Buffet, vom Buffet zum Tisch.

Eine Ausnahme wird gemacht, wenn jemand Geburtstag hat. Dann versammeln wir uns lieber bei einem Mexikaner im Weinviertel. Dort wird nach der Hauptspeise das Licht abgedunkelt. Daraufhin kommt ein mexikanischer oder spanischer oder nicaraguanischer Geburtstagssong, irgendwas mit *Compleanno*. Der Fokus liegt hier vor allem auf der Lautstärke. Südländisch eben. Dann veranstalten zwei Kellner eine kleine Polonäse quer durch das ganze Lokal. Der vordere trägt den Geburtstagscocktail für das Geburtstagskind. Mit Schirmchen, Cocktailpalmen und reichlich Pyrotechnik in Form von Sprühkerzen. Der hintere Kellner trägt einen XL-Sombrero. Zumindest das, was sich Mitteleuropäer unter einem Sombrero vorstellen. Es folgt das Gruppenfoto mit Geburtstagskind in der Mitte, die Familie schart sich rundherum. Wenn man beim Shooting unmittelbar hinter oder neben dem Geburtstagskind steht, ist man auf dem Foto nie zu sehen, weil der Jubilar den XL-Sombrero tragen und am Cocktail nippen muss. Das Foto wird anschließend zum Download auf der Website bereitgestellt und auch ausgedruckt als Erinnerung an den schönen Abend sofort mitgegeben. Wir haben schon Downloads und Fotoausdrucke der letzten zehn Jahre. In unterschiedlichsten Besetzungen.

Diese Geburtstagsshow wiederholt sich pro Abend in dem Lokal circa fünf- bis sechsmal. Weil eigentlich an jedem Tisch jemand Geburtstag hat. Stichwort: Gratiscocktail!

Und dann gibt es die ganz besonderen Anlässe, Weihnachtsessen zum Beispiel. Dieses Jahr waren wir mit unserer feierfreudigen Großfamilie kurz vor dem Abflug im Marchfelderhof. Ein Traditionshaus etwas außerhalb Wiens. Berühmt für ausladende Dekorationen, die immense Promi-Dichte und höchsten Entertainmentfaktor. Eine 70-jährige Engländerin auf Auslandssemester (falls ich sie richtig verstanden habe) und als Christkind verkleidet, sagte mir meine Zukunft per Handlesen voraus. Eine starke Veränderung werde mit vierzig auf mich zukommen. Das wäre in der Tat eine starke Veränderung, wenn ich nochmal vierzig werden würde! Die Familie war aber wie so oft auch hier eine große Hilfe und besserte den Fehler rasch aus. »Die is scho long vierzig!«, riefen sie im Chor. Das Christkind war situationselastisch und verschob die drohende Veränderung geschickt auf Anfang fünfzig.

Danach wäre der Gatte zum Auralesen dran gewesen. Aber das war leider nicht mehr möglich, weil zeitgleich am Nebentisch zwei Wiener Schrammeln mit ihrer Performance begannen. »Griechischer Wein ist so wie das Blut der Erde, komm, schenk mir ein …« Das ist natürlich die Hymne für uns Erlebnisgastronomie-Anhänger. »Komm, schenk mir ein« – unser Mantra! Und schon singen wir mit den Schrammeln vom Nebentisch und überhaupt allen anderen im Lokal lautstark mit …

Insofern war ich eigentlich auf alles vorbereitet, was man schon über Buffets bei Club-Urlauben gehört oder gelesen hat. Da ich aber noch nie einen richtigen Club-Urlaub gemacht habe, und nicht gleich beim ersten Mal mit landesuntypischen Verhaltensweisen ungünstig auffallen will, habe ich sicherheitshalber schon vor der Abreise entsprechende Vorkehrungen getroffen. Wir müssen da experimentierfreudig sein, versuchte ich die Familie einzuschwören. Thailand sei sehr weit weg, die Gepflogenheiten beim Essen könnten sich eventuell durchaus von denen vom Chinarestaurant Reumannplatz unterscheiden. Wir dürfen nicht mit gebratenem Reis und Garnelen rechnen. Man muss sich auf alles einstellen.

Das Erste, was ich einstellte, war die Suchfunktion auf Google. Erste Suchanfrage: Wie isst man in Thailand? Stäbchen? Finger? Messer/Gabel? Siehe da, Learning Numero eins: Man isst mit

Gabel und Löffel. Man schiebt das Essen mit der Gabel auf den Löffel. Fortan wurden zu Übungszwecken und als Urlaubsreisevorbereitung die Messer daheim aus dem Umlauf genommen. »Wir müssen das jetzt üben!«, rief ich. Und erntete semi-motivierte Reaktionen. Iss mal ein Wiener Schnitzel mit Gabel und Löffel!

Zweite Suchanfrage: Was isst man in Thailand? Beliebtestes Gericht: die landestypische Kokossuppe. Kenne ich, hab ich schon mal irgendwo gegessen, war großartig. Tom Kha Gai! Die Tage bis zum Abflug verbrachte ich damit, von dieser Hühnerkokossuppe zu schwärmen und alle dreimal am Tag abzufragen, ob sie sich auch so auf die Tom-Kha-Gai-Suppe freuen würden.

Suchanfrage Nummer drei: Wie bestellt man richtig in Thailand? Antwort: Man zeigt auf das gewünschte Gericht und sagt: »Ao an ni krap/ka« (»Ich hätte bitte gerne dieses dort«). Zur Einübung hielt ich die Familie an, diesen Satz möglichst oft zu wiederholen. »Ao an ni krap/ka«, rief ich bereits fidel unterm Weihnachtsbaum aus und zeigte auf ein verpacktes Geschenk.

Suchanfrage Nummer vier war heimlich und nur, um sicherzugehen: Isst man in Thailand Hunde/Katzen/Spinnen? Das Ergebnis behielt ich für mich, wir konnten uns keine unnötigen Verunsicherungen leisten, jetzt wo wir so schön bestellen konnten.

Wir waren also sehr bereit für ein opulentes thailändisches Club-Erlebnisbuffet. Es kam aber anders.

»Mama, ich hab den Satz gar nicht sagen müssen!«, kommt das Kind strahlend vom Buffet zurück. »Die haben mich auch so verstanden, sehr gut sogar!« Sie stellt ihre Suppe auf den Tisch. Diese schöne, cremefarbene Kokossuppe, mein Herz schlägt sofort höher. »Darf ich kosten?«, frage ich. Der Satz, den jeder liebt. Und schon bin ich mit dem Löffel in ihrer Suppe. Schmeckt nur überhaupt nicht nach Kokos, seltsam. »Was ist das?«, frage ich das Kind. »Na, Kartoffelsuppe!«, erwidert es eloquent. »War auch so angeschrieben! Das ist toll, alles ist auf Deutsch angeschrieben und es gibt ein eigenes Kindereck mit Pizza und Pommes!«

Kartoffelsuppe! Pizza! Pommes? Ich bin verwirrt. Mein kulinarisches Integrationskonzept gerät ins Wanken. Jetzt muss ich mir selbst ein Bild der Lage machen, ich geh nachschauen! Ein opulenter Buffettraum erstreckt sich vor mir. Gleich neben der Kartoffelsuppe werden mindestens zehn verschiedene Sorten Brot wunderschön präsentiert: Weizenbrot, Roggenbrot, Dinkelbrot, Pumpernickel. Auf meinen täglichen Streifzügen durch die Online-Ausgabe der *Bild*-Zeitung habe ich irgendwann gelesen, dass die deutsche Brotkultur zum UNESCO-Weltkulturerbe ernannt wurde. Laut UNESCO ist das deutsche Brot nicht nur weltweit beliebt, sondern in seiner Vielfalt einzigartig. Beides kann ich hier in Thailand mit großem Staunen bezeugen. Ich stehe vor einer unendlich vielfältigen Brotauswahl. Zur besseren Orientierung ist alles auf Deutsch angeschrieben. Gleich hinter dem Weltkulturerbe geht es üppig weiter mit einem Spezialitätenmix aus deutschen Wurstaufschnitten und Salaten. Es gibt sogar Schichtsalat! Schichtsalat ist die Spezialität meiner lieben Schwägerin, den kennt man bei uns in Österreich eigentlich nicht. Aber meine Schwägerin ist ursprünglich Deutsche und brachte die Highlights der deutschen Küche mit nach Wien. Schichtsalat und Spreewaldgurken. Der Gatten-Bruder lernte die Schwägerin ebenfalls im Urlaub kennen, mit 15 Jahren in Rumänien. Ein Jahr später war die Liebe so groß, dass sie mit nur 16 Jahren Deutschland verlassen hat und für immer nach Wien übersiedelt ist, samt dem Geheimrezept für den Schichtsalat. Sogar Wiener Würstchen gibt es hier, die heißen in Wien eigentlich Frankfurter. Aber das würde jetzt zu sehr ins Detail führen.

Bei den warmen Speisen gibt es Kartoffeln in allen Varianten, überbacken, als Auflauf, Pommes, Kartoffelscheiben oder Süßkartoffeln mit Mayo. Deutscher als dieses Buffet ist nicht mal das Münchner Oktoberfest. Was ist hier los? Um der Sache auf den Grund zu gehen, folge ich dem Herdentrieb. Dort, wo die meisten Menschen stehen, stelle ich mich auch an. Das Mysterium geht weiter. Es werden vom Koch nicht nur die Teller persönlich überreicht, sondern auch Bücher! Der Koch und Buch-Aushändiger sieht auch ganz und gar nicht thailändisch aus. Bei näherer Betrachtung sehen hier nur sehr Wenige thailändisch aus.

»Möchten Sie auch die Frikadellen?«, fragt er mich, als ich an der Reihe bin.

»Äh, die was?« Jetzt kann mir die Urlaubsübersetzungs-App mit Fokus auf thailändisches Essen auch nicht helfen. Österreichisch – Deutsch hätte ich gebraucht! Wer rechnet denn mit Frikadellen, wenn man tausende Kilometer weit wegfliegt. Ich zeige auf den Teller von meinem Vordermann, der grad sein Buch zusammenpackt und damit weggeht. »Ao an ni krap/ka«, will ich schon fast sagen, aber ich schwenke noch schnell um. »Ich hätte gerne das Gleiche, was der Herr hier hatte.«

»Yup, dit sind die Frikadellen. Auch mit Stampfkartoffeln?«

Hä? Was ist denn das jetzt schon wieder? Bevor die Schlange hinter mir unruhig wird, stimme ich zu und bekomme eine Portion. Ich habe mich offenbar völlig falsch auf diesen Urlaub vorbereitet. Laut Google sind Frikadellen das, was bei uns Fleischlaberln heißt. Es ist die gleiche Sprache, die uns Nachbarländer eint und dann doch so sehr trennen kann.

Bei Fleischlaberln hatte ich schon einmal ein sprachliches Missverständnis. Eine italienische Austauschschülerin hat in meiner Jugend eine Woche bei uns gewohnt. Ich versuchte mehr schlecht als recht für sie zu übersetzen. »Das ist zerhacktes

Fleisch«, erklärte ich auf Italienisch. Blöd war nur, dass Fleisch auf Italienisch »carne« heißt. Und Hund »cane«. Jetzt sprich das mal mit vollem Mund schnell aus. Eben! Hört doch kein Mensch den Unterschied! Die schüchterne Italienerin trank den Rest der Woche Milch und aß außer Haus.

Bei den Stampfkartoffeln dürfte es sich zumindest optisch und geschmacklich um ein Erdäpfelpüree handeln. Auch wenn meine deutschen Freunde, die ich sofort als Facebook-Joker befrage, sich uneins sind und eine hitzige Bundesländerdiskussion über Herstellung und Zutaten von Original-Stampfkartoffeln entsteht. Mit und ohne Milch. Mixer oder Stampfer. Zwiebel oder nicht. Das einzige Mal, dass ich ein ähnliches Wort gehört habe, war in meiner Kindheit. Wenn da jemand ausnehmend kurze, stämmige und weiße Beine hatte, nannte man das gerne »Kartoffel-Stampfer«. Meine Beine zum Beispiel.

Auf dem Weg zu unserem Tisch passiere ich das Süßspeisenbuffet, ein weiterer deutscher Dekotraum in Schwarz-Rot-Gold. Es gibt Schwarzwälder Kirschtorte, Sahneschnitten, Fruchtschnitten und Eis in allen Variationen.

Neben der Eingangstür zum Buffetbereich hängt dann ein großes Plakat. Jetzt wird klar, warum der Koch hier Bücher verkauft. »Liebe Urlaubsgäste! Wir begrüßen heute Abend unseren berühmten Fernsehkoch, der direkt von seiner Sendungsaufzeichnung aus Deutschland hier eingeflogen ist, um für Sie zu kochen.«

Hier wird einem etwas geboten, so viel steht fest.

Jeder kann mitmachen

In meiner Club-App steht bei den Aktivitäten, dass in der Strandbar täglich um 16 Uhr das JeKaMi-Quiz stattfindet. Die Abkürzung steht für JEder KAnn MItmachen. Klingt vielversprechend. Das Kind ist spielen, der Gatte ist massieren, also ein optimaler Zeitpunkt, um mich einer heiteren Quizrunde anzuschließen. Jeder Tisch bildet ein Team. Je mehr Teilnehmer pro Tisch, desto höher die Gewinnchancen. Das habe ich gleich auf den ersten Blick durchschaut. Alle Tische sind bummvoll besetzt, an manchen Tischen sitzen dicht gedrängt bis zu acht Personen. Nur an einem der kleineren Tische ist neben einer blonden Jungmutti noch ein Platz frei. Ich frage sie, ob ich mich hinsetzen darf. »Sehr gerne«, sagt sie und dann noch irgendwas, was ich nicht verstehe. Ich tippe auf Sächsisch. Sie dürfte mit JeKaMi-Quiz-Teilnahmen schon erfahrener sein als ich und schlägt vor, dass wir ein gemeinsames Team bilden. Ihr zweites Teammitglied hat nichts dagegen, es liegt mit einem Schnuller im Kinderwagen und schläft. Habe ich schon erwähnt, wie sehr ich die Ossis mag? Das ist wie ein Magnet, wir finden immer zueinander!

Kurz nachdem wir unser dynamisches Ossi-Ösi-Duo gebildet haben, erscheint der Spielleiter. Er trägt ein Ganzkörperkostüm mit dem Maskottchen vom Club. Robbie die Robbe. Die Spielregeln sind schnell erklärt. Er liest Fragen aus einer bestimmten Kategorie vor. Eigentlich schreit er sie, damit alle Tische es gut hören können. Wer die richtige Antwort weiß, muss ganz laut »BOMMEL« rufen. Erst dann darf die Antwort erfolgen. Also niemals antworten, ohne vorher »BOMMEL« zu rufen, sonst gilt es nicht.

Ich bin immer zu spät und weiß nie eine Antwort richtig, aber meine Ostmutti im Team läuft zur Höchstform auf! Sie ruft ständig: »BOMMEL!« und weiß dann auch wirklich die richtige Antwort. Und schon wieder landet das Gewinnersteinchen auf unserem Tisch. Gewinner ist der Tisch, der am Ende die meisten Steinchen gesammelt hat. Mein Beitrag ist überschaubar, also halte ich auf dem Boden und im Kiesweg neben mir nach ähnlichen Steinchen Ausschau. Vielleicht kann man ja …

Aber ich sehe keine ähnlichen Steinchen auf dem Boden, das Einzige, was ich sehe, ist ein junger Mann am Nebentisch, der aussieht wie der berühmte deutsche Sänger Sasha. »If you believe in love tonight.« Sofort habe ich einen Ohrwurm, der nicht mehr weggeht. Ich kann mich gar nicht mehr so recht auf die Quizfragen konzentrieren und believe auch nicht mehr, dass wir als Gewinnerteam aus der Runde hervorgehen werden. Auch wenn man die Hoffnung ja nie aufgeben soll. »I feel lonely. Lo-lo-lo-lo-lonely.« Das hört gar nicht mehr auf mit den Ohrwürmern. Und auf einmal kommt meine Sternstunde. Eine Frage, bei der ich endlich auch mitspielen kann! Robbie die Robbe brüllt sie in die Strandbar: »Von wem stammt die Aussage: ›Yes, we can!‹?«

Meine beiden Hände schnellen nach oben, gleichzeitig schreie ich laut: »BOMMEL!!!« Vor lauter Aufregung fast ein bisschen zu laut. Man hätte auch nicht zwingend dabei von seinem Sessel aufhüpfen müssen. Alle schauen mich an. Genau in der Sekunde, als ich mit hochgerissenen Händen aufspringe und »Bommel!!!« rufe, biegt der Gatte von seiner Massage um die Ecke. Er schaut verdrückt aus, Handtuchränder sind noch auf seinem Gesicht zu erkennen. Als er mich unter fremden Menschen aufspringen und Bommel rufen sieht, wechselt sein Ausdruck von verdrückt zu verstört. Egal. Jetzt wird er gleich Zeuge meines Triumphs. Das Quiz und die Spielregeln kann ich ihm später auch noch erklären. Ich rufe meine Antwort hinaus in die Welt: »Angela Merkel!«

»Leider falsch«, schallt es von Robbie der Robbe zurück.

Bob der Baumeister wäre richtig gewesen. Na gut. Vertan, sprach der Hahn und stieg von der Henne. Ich setze mich langsam und still wieder auf meinen Sessel. Der Gatte steht jetzt neben mir und flüstert mir zu: »Was genau tust du da?«

Ich kann ihn aber nicht aufklären, denn jetzt kommt gleich die nächste Frage und man kann eine Niederlage nur mit einem Gewinn wiedergutmachen. Also Konzentration auf meine Sternstunde. Robbie die Robbe schreit: »Von wem stammt der Ausdruck ›null problemo‹?«

»B O M M E L!!!«, brülle ich. Andere haben auch gerufen, aber ich war definitiv lauter. Diesmal bin ich ganz sicher, dass ich richtig liege und schreie meine Antwort hinterher: »Alf!« Sicherheitshalber lege ich nach: »Alf Tanner vom Planet Melmac!«

»Richtig!«, schreit Robbie die Robbe zurück. »Warum schreien alle so?«, flüstert mir der Gatte wieder zu. »Egal, erklär ich dir nachher!« Endlich! Ich erspiele einen Punkt für unser Team. Robbie übergibt mir ein kleines Steinchen. Ein Diamant in meinen Augen. Meine neue Ossi-Freundin lächelt mir anerkennend zu. Ich würde gerne einklatschen, aber so gut kennen wir uns noch nicht.

»Was auch immer du da gerade tust«, sagt der Gatte, »am Nebentisch sitzt der Sasha.« Ich schaue nochmal zum Nachbartisch. »Wie? Meinst du, der Echte???« – »Alf ist es nicht und Angela Merkel auch nicht. Also wenn er exakt so aussieht wie Sasha, könnte es womöglich auch Sasha sein«, antwortet er. »*Du* bist doch die Promi-Stalkerin von uns, du müsstest das doch wissen?«, legt er nach. »Ich bin keine Promi-Stalkerin!« – »Aber wieso machst du dann immer Selfies mit Stars?« »Für die Enkelkinder! Das ist wie Autogrammkartensammeln.«

Und tatsächlich. Ein kurzer Instagram-Faktencheck bestätigt: Meine einzige richtige Antwort im deutschen Strandquiz fand unter den Augen eines weltberühmten Stars statt. Er ist es tatsächlich! »Das ist ein Omen für das nächste Jahr«, sag ich zum Gatten. »Was für ein Omen soll das sein?« »Na, dass alles gut wird!« Also dann, in diesem Sinne rufe ich unser Motto fürs nächste Jahr aus: »Yes, we can make it! Null problemo!«

Das JeKaMi-Quiz gewinnen wir leider nicht, ich bin zu schlecht, oder zu langsam, oder beides. Aber ich bin auf jeden Fall angefixt und vereinbare mit meiner sympathischen Mitspielerin gleich einen Gegenschlag für das Quiz am nächsten Tag. Selber Ort, selbe Zeit! Am Ende wird auch noch Infomaterial für die Club-Lotterie verteilt. Man kann sich hier im Club Lose kaufen und hat die Chance auf tolle Hauptpreise, sogar auf Urlaubsreisen! Das Spielfieber in mir ist geweckt.

»Schatzi, bitte!«, sagt der Gatte, »das ist sicher eine Falle!«

»Was soll das für eine Falle sein, das hier ist ein hochseriöser deutscher Club! Da gibt es keine Fallen!«, entgegne ich gestreng. Aber weil ich noch nie irgendwo irgendwas gewonnen habe, entschließe ich mich, das Thema Lotterie ruhen zu lassen. Oder zumindest zu verschieben. Es wird sich schon noch irgendwo ein heimlicher Moment ergeben …

> Hilfe! Ich habe Stress, die Tinder-Männer in meine tägliche Routine zu integrieren.

> Ich bin für den Italiener!

> Der is aber einen Kopf kleiner als ich.

> Ok, dann halt Stockerlplatz für Italien!

Eine kleine Landpartie

»Wollen wir nicht auch einen Ausflug machen?«, fragt der Gatte. »Es gibt da sogar ein eigenes Reisebüro im Club, wo man Touren buchen kann. Das hat sehr vielversprechend ausgesehen!« – »Kenn ich! Habe ich schon gemacht!«, antworte ich. »Wie, habe ich schon gemacht?«, fragt er mich.

Und dann denke ich an die wunderbaren Landausflüge auf meiner experimentellen Kreuzfahrt. Ich war eine Woche auf Expedition auf einem Kreuzfahrtschiff. Zur Probe. Zur Erholung. Um ein Buch zu schreiben. Wieder mal. Jedenfalls war ich alleine, um jeglicher Ablenkung auszuweichen. Nur einmal war mir nach Ablenkung und ich schloss mich einer geführten Reise an.

Beim Verlassen des Schiffes musste man seine Bordkarte wo draufhalten, damit die wussten, dass man das Schiff verlassen hat. Wenn das ordnungsgemäß erfolgte, rief die Stimme von Micky Maus »Bye bye« aus dem Lautsprecher.

Vor dem Schiff warteten rund 50 Busse, jeder für einen anderen Ausflug. Mein Bus hatte die Nummer 21 und den vielversprechenden Reisetitel »Tuscania, Dolce Vita, Land und Wein!« Abfahrtszeit 9:30 Uhr.

Der Bus ist schon voll, als ich einsteige, also quetsche ich mich auf den letzten freien Platz in der letzten Reihe. Es ist der Platz, wo es dich bei einer Vollbremsung von ganz hinten über den langen Gang bis nach ganz vorn auf die Busscheibe prackt. Zum Glück bin ich zwischen zwei deutschen Pärchen eingequetscht, die sich angeregt über meinen Kopf hinweg unterhalten. So wie ein menschlicher Gurt, weil mein Platz dadurch so eng ist, dass ich mich auch beim stärksten Aufprall keinen Millimeter bewegen könnte.

»Hoiwa is!«, mahnt eine Dame weiter vorne die Abfahrt ein. »Na, net hoiwa, Gerti, es is erscht neinazwanzg.« Ich orte sofort den mir gut vertrauten Wiener Dialekt.

Dann stellt sich Danielle, unsere italienische Reiseleiterin, vor. Sportlicher Reiseleiterlook, brünette, italienische Eleganz. »Meine lieben Gäste, ich muss Ihnen zuerst etwas sagen«, so ihre Begrüßung, »ich habe ein, wie sagt man, come si dice, ich habe ein Gerstenkorn.«

Aha. Ich blicke mich im Bus um, ob sonst noch wer etwaige Krankheiten anmelden möchte. Aber nix.

»Ich habe deswegen die Sonnenbrille auf, versuche aber alles lebendig zu machen, sodass meine lieben Gäste nicht einschlafen! Wir beginnen unsere Fahrt mit ein paar Fragen an Sie. Ist die Temperatura ok?« Zögerliches Kopfnicken in den Reihen.

»Sitzen Sie gutte?« Wieder zartes Nicken.

»Wo sindde wir?« Die Passagiere rufen laut: »In Italien!« Jetzt sind sie offenbar warmgelaufen.

Danielle freut sich sehr über die richtige Antwort. »Gutte! Super Antwort. Manche Gäste sagen nämlich sonst nur, wir sind im Bus.« Der Bus brüllt vor Lachen.

Während wir langsam die Hafenstadt verlassen, erfolgt eine historische Erklärung über die Festung der Stadt. Der Vortrag endet wieder mit einer Frage: »Rede ich zu schnelle?«

Vereinzelt ist ein »Nö« aus den Sitzreihen zu vernehmen.

»Rede ich zu viele? Mein Mann sagt immer, ich räddä zu viele. Aber bitte, meine liebe Gäste, ich kanne auch stumm.«

»Hier links sehen wir nochmal den Hafen von der anderen Seite.« Alle schauen nach links.

»Im Hafen sind heute zwei Kreuzfahrtschiffe. Die MSC und die AIDA. Kennen Sie die AIDA?« Wieder geht ein herzhaftes Lachen durch den Bus.

»Schaue Sie jetzt bitte nach rechts.« Alle schauen nach rechts.
»Da sehe Sie drei Türme. Das ist das Kohlekraftwerk. Aber bitte denken Sie nicht daran. Wir fahren jetzt durch schöne Landschaft. Bitte denke Sie nicht an das Kohlekraftwerk.« Ab sofort denke ich nur noch an das Kohlekraftwerk.

»Schaue Sie bitte wieder nach links!« Alle schauen nach links.

»Links, meine lieben Gäste, ist das billigste Hotel von der ganzen schönen Hafenstadt. Das Gefängnis!« Der Bus tobt und ist kaum mehr ruhig zu halten.

»Wenn wir angekommen sind, meine lieben Gäste, dann machen wir die technische Pause.« Ich mache mir Sorgen, dass an unserem Bus vielleicht etwas zu reparieren ist. Zehn Minuten später kenne ich die Erklärung. Der Bus bremst sich auf dem Parkplatz ein. Unmittelbar vor einem Dixi-Klo. *Einem* Dixi-Klo.

Danielle schnallt sich jetzt ein Megafon um und ruft fröhlich hinein: »Das ist jetzt die technische Pause. Meine Kollegen sagen immer Pipi-Pause, aber das mag ich nicht. Ich sagge lieber technische Pause. Also Damen und Herren, bitte jetzt gerne technische Pause!«

Danach sechzig Minuten Freizeit, um die Schönheit des Orts anzusehen. Ich zähle durch, dass noch acht Damen vor mir dran sind und von der Stunde wohl nicht viel Zeit übrig bleiben wird. Meine toskanische Schönheit wird eher das Häusl auf dem Parkplatz bleiben. Jede Frau, die aus dem Klo rauskommt, läuft blitzschnell der Reisegruppe hinterher. Tür auf – neue Frau rennt los. Wie die Skifahrer in der Startkabine. Ich laufe als Letzte der Gänsemarsch-Truppe hinterher.

Dank Megafon höre ich von Weitem: »Wir sindde gleich an die wunderschöne Aussichtspunkt!«

Kurz bevor ich beim wunderschönen Aussichtspunkt einsprinte, werde ich gestoppt.

»Momentchen mal, bitte schön, bevor Sie jetzt alle abschwirren, machen wir noch schöne Fotos! Bitte aufstellen.« Und schwupp, hat mich die freundliche deutsche Schiffsfotografin schon zu einer Rentnergruppe dazugeschoben, und bei »Käääääääsekuchen« lachen wir alle in die Kamera.

16 Minuten später sitzen wir wieder im Bus. Ich wieder eingeklemmt zwischen den zwei Männern, die gerade noch eine rauchen waren. So ein kalter Rauch ist was besonders Feines, also versuche ich nach Möglichkeit nicht zu atmen. Die Männer sind schon in flirty Kontakt mit den zwei Ladies in der Sitzreihe vor uns getreten. Sie hängen jetzt lässig über der Lehne vom Vordersitz. »Ja und ich bin der Ingo«, sagt der eine, »und spiele gerne Bingo!« Was für ein Opener!

Zum Glück steigen wir 3 Minuten später, genau genommen nach einer einzigen Kurve, wieder aus dem Bus aus. »Damen und Herren, wir schauen jetzt an diese wunderschöne Kirche.« Für mich ein willkommener Moment, um wieder frische Luft zu atmen. Für Harry und Ingo ein willkommener Moment, um sich eine Zigarette anzuzünden.

Nach einer flotten Kirchenumrundung sitzen wir schon wieder im Bus. Danielle steht in der Mitte und streckt nacheinander die Finger nach oben.

»Wir fahren jetzt zu einen super molto bene Agricultura und verkosten drei Rotweine, einen Weißwein, zwei Brote, zwei Gemüseaufstriche und zwei süße Aufstriche.« Jetzt sind alle 10 Finger ausgestreckt. Und die gudde Nachricht: »Sie können alles kaufen und mitnehmen!«

Dort auf der Agricultura sitzen wir dann kuschelig eingewickelt in unseren Multifunktionsjacken. Alle sind still und essen, nur Bingo-Ingo am Nebentisch läuft grad beim zweiten Wein zur Höchstform auf und erzählt laut, dass er am Vorabend beim Bord-Bingo vier Gratis-Sektchen abgestaubt hat. Ich konzentriere mich auf mein Leberaufstrichbrot und denke … an das Kohlekraftwerk.

Bis auf einmal eine Kameralinse vor meinem Leberaufstrich auftaucht.

»Mönsch. Wie schön. Bei Ihnen wird ja auch schon fleißig gemümmelt! Da mach ich doch gleich noch'n Foddo.«

Auf der Rückfahrt zum Hafen schläft die Hälfte des Busses, erschöpft vom Wein und der Cultura. Nur Danielle nicht, die steht immer noch topfit am Mittelgang: »Meine lieben Gäste. Letzte Frage an Sie: Kenne Sie den kleinsten Dom der Welt?«

Stille.

»Das KONDOM!«

Am selben Abend am Kreuzfahrtschiff bekomme ich eine WhatsApp vom Gatten: »Und was steht bei dir morgen auf dem Programm?«

WhatsApp von mir: »Vormittag Ausflug. 16 Uhr Mandalas malen im bayrischen Brauhaus auf Deck 6. 21:30 Aktiv-Bingo. 22:00 Eisparade mit den Offizieren.«

WhatsApp vom Gatten: »Beneide dich um diese Erfahrungen.«

»Ok«, sag ich zum Gatten, »lass uns morgen in das Reisebüro vom Club gehen, vielleicht ist ja was dabei für uns.«

Und ob da was für uns dabei sein wird. Aber das konnten wir da ja alles noch nicht wissen …

Die Abenteuer der Maus auf dem Mars

Der Gatte und das Kind sind Stand-up-Paddeln. Ich habe eine Stunde zur freien Verfügung, um zu schreiben. Da gehen sich locker fünf fünf Seiten aus! Und dann fallen einem plötzlich Dinge ein, die man dringend noch tun müsste, wenn man eigentlich was anderes tun sollte. Kennt man noch aus der Schule, oder? Wenn man eigentlich für die Matura lernen sollte, erschien auf einmal Hausarbeit als die bessere Alternative. Oder Zahnzwischenräume reinigen. Mit dem durchsichtigen Zellophan von den Zigarettenschachteln oder dem roten Band von den Manner-Schnitten. Ich meine, sind wir sich ehrlich, wie der Wiener so schön sagt, wer hat in den späten 80ern schon Zahnseide verwendet? Eben! Wann hat das eigentlich angefangen?

Ich befrage dazu sofort die Facebook-Gruppe »Zurück in die 80er« und warte auf Antwort. Kurz danach bekomme ich eine Werbeeinschaltung: »Bleaching2go«. Auch nicht uninteressant. Ich aktiviere den Selfie-Kameramodus und zoome auf meine Zähne. Inzwischen ist noch keine Antwort auf meine Frage eingetroffen. Dafür hat eine Karin F. gerade einen YouTube-Link gepostet: »Die Abenteuer der Maus auf dem Mars – Folge 1«. Ich muss das anklicken. Ich habe das geliebt als Kind! Im Intro sieht man die Maus ganz schnell auf dem Mars laufen, der sich sehr schnell dreht. Dazu spielt es hysterische LSD-Musik, und die berühmte Titelmelodie wird dazu gepfiffen. Ich bin ganz entzückt! #lovelovelove. Danach kommt die sehr tiefe Stimme des Sprechers, der den Titel der aktuellen Folge ankündigt. »Wie die Maus auf dem Mars einmal so groß und fett geworden ist, dass niemand mehr etwas mit ihr zu tun haben wollte«. Das waren noch Titel! Heute würde es dafür den Shitstorm des Jahres hageln, wenn man das in einer Kindersendung bringen würde. Ich muss schauen, ob die alle so krasse Titel hatten.

Folge 2: »Wie die Maus auf dem Mars sich einmal von der Katze auf der Venus hat beraten lassen und nicht schlecht dabei gefahren ist«.

Folge 3: »Wie die Maus auf dem Mars einmal ganz harmlos Fußball gespielt hat, und der ganze Mars dabei fast untergangen ist«.

Hossa! Was für Titel! Protagonist, Problem und Cliffhanger bereits IM TITEL enthalten! Noch besser geht's ja nicht! Ich brauche dringend so einen Titel für mein Buch. 20 Minuten Schreibzeit habe ich nun schon mit den Abenteuern der Maus auf dem Mars verschwendet. Es verbleiben noch 40 Minuten und 10 Tage. Und mir fehlen noch 60 Seiten. Oder sind es 80 oder 100? Ich weiß es ja nicht mal genau. Mir wird von innen her heiß. So eine panische Hitze. Oder ist das vielleicht schon der Wechsel? Ich google: »Wechsel erste Anzeichen« und komme zu einem Selbsttest: »Wechseljahre? Bin ich schon drin?« Ich muss gleich wieder an die Ö3-Comedyreihe denken, die lautet: Sätze, die Sie woanders sagen können, nicht aber im Schlafzimmer. »Bin ich schon drin?« wäre vielleicht ein Kandidat dafür. Egal. Zurück zum Selbsttest. »Leiden Sie unter Konzentrationsproblemen?« Nö. Ich kann voll fokussiert und zielgerichtet an einer Sache arbeiten. Merkt man, oder? »Bemerken Sie plötzliche Schweißausbrüche? Sind Sie ohne Grund verstärkt reizbar und angespannt?« Ich brauch gar nicht mehr weitertesten, das Ergebnis ist klar und lautet:

»Wie die Maus auf dem Mars auf einmal ur viel geschwitzt hat und dann so arg ausgerastet ist, dass etwas sehr Schlimmes passiert ist«.

Bam! Das ist ein Titel! Wobei mir auffällt, dass das Wort »ausrasten« missverständlich sein könnte, je nachdem, wo die Leser herkommen. Die berühmte österreichische Verlegerin Vanessa Wieser, nicht verwandt oder verschwägert mit der berühmten Automarke (leider! Anm. der Verlegerin), hat vor Kurzem erst völlig treffsicher festgestellt, dass es Wörter gibt, die in Deutschland eine gänzlich andere Bedeutung haben als in Österreich. AUSRASTEN zum Beispiel ist so ein Wort. Wenn in Österreich einer ausrastet, dann legt sich der neben den Ofen und pennt mal eine Runde (wobei Ofen auch so ein Wort mit mehreren Bedeutungen wäre …). Wenn in Deutschland einer ausrastet, dann zuckt der aus. Also genau das Gegenteil. Seit dieser Entdeckung sind Sprachwissenschaftler im gesamten deutschen Sprachraum auf der Suche nach weiteren Wörtern dieser Klassifizierung.

Der Selbsttest hat mich weitere fünfzehn Minuten gekostet. Gleich kommen Gatte und Kind vom Stand-up-Paddeln zurück, und aus die Maus mit meiner exklusiven Schreibzeit.

»Wie die Maus auf dem Mars lieber was anderes gemacht hat, als sie eigentlich hätte sollen, und dann eine alte traurige und keine alte berühmte Maus wurde«.

Ping. Neue Nachricht von Facebook. Ein Kommentar auf meine Zahnseide-Frage: »Nein. Es gab weder Zahnseide noch Mundhygiene.« Darunter erscheint gleich eine neue Anfrage aus der Gruppe »Superheldinnen«. Sigrid M.: »Suche lustige Gesellschaftsspiele für Spieleabende in geselliger Erwachsenenrunde.« Ich finde, der Ausdruck »gesellige Erwachsenenrunde« hat etwas Frivoles. Das klingt nach einem Pärchenabend, Activity, pantomimischer Darstellung von irgendetwas und am Ende lautet das Motto: »Alles kann – nichts muss!« Ich kommentiere: »*Werwölfe* ist ein super Spiel! Für alle Altersgruppen.« Gleich darunter schreibt jemand: »Ich empfehle das Spiel *Secret Hitler*, wenn man nicht ganz so politisch korrekt ist.«

In der Kategorie »nicht ganz so politisch korrekt« fällt mir natürlich auch noch was ein. Porno Ping Pong! Letzten Sommer erst auf einer Hochzeit kennengelernt. Die einzige Single-Frau auf der ganzen Hochzeit saß mit uns am Tisch. Sie freute sich sehr, dass sie diesmal nicht am Kinder- und Jugendtisch sitzen musste, was anscheinend bei anderen Hochzeiten immer wieder vorkam. Keiner will die attraktive Single-Frau am Tisch hocken haben. Viel zu gefährlich! Also ab auf den Kinder- und Jugendtisch. Mit 36! Vor lauter Freude und ich glaub auch aus Angst wieder versetzt zu werden, nahm sie sehr aktiv an unseren Tischgesprächen teil. Als wir alle hinlänglich bekannten Urlaubsdestinationen besprochen und die Entwicklungsstufen unserer Nachkommen ausreichend verglichen hatten, war der Punkt erreicht, wo wir zwischen der Hochzeitstorte und dem Beginn der ersten lustigen Hochzeitsspiele schon etwas zäh in den Seilen hingen. Und genau an diesem Punkt zog sie unsere Aufmerksamkeit mit einem innovativen Spiel auf sich:

Zwei Personen sitzen einander recht nah gegenüber und nehmen den Mund voll mit Wasser. Wein ginge auch. Wäre aber schade drum. Der Spielleiter liest daraufhin lustige Pornofilmtitel vor. Wie z.B. Aladdin und die Wunderschlampe. Wer als Erster lachen muss und somit dem anderen das ganze Wasser ins Gesicht spuckt, hat verloren. Der Gewinner ist zwar nass und angespuckt, aber hey: Gewinner! Ich hoffe, sie hatte dieses Spiel nicht vom Kinder- und Jugendtisch der anderen Hochzeiten!

Gucke Sie, die Klo ist da draußen

Als wir heute im Transferbus zum geführten Bootsausflug fahren, merke ich an, ob wir nicht vielleicht auch mal etwas richtig Abenteuerliches wagen sollten. So mit Moped und Rucksack wild durchs Land. Ich denke dabei zuerst an das wilde Leben von Uschi Obermaier im Schuh-Bus und dann an meine insektenabweisende Multifunktionsjacke im Hotelzimmer. Nach der ersten Klopause bei einer Tankstelle verwerfe ich die Idee wieder. So schlecht sind deutsche Standards vor allem im Hygienebereich nun doch wieder nicht…

Am Hafen werden wir auf unser Ausflugsboot eingecheckt. Unser Boot hat einen deutschsprachigen Reiseleiter. Ein sehr sympathischer Thai namens Ali. »Wie Muhammed Ali«, sagt er. »Ich bin euer Bodyguard! Hihiiiii!«

Mir gefällt vor allem das große Plakat mit der ISO-Zertifizierungsnummer, das riesengroß am Boot dranhängt. So was mögen wir Sicherheitsreisenden sehr gern. Und dann folgt auch gleich Alis Security-Einschulung. Auch so was mögen wir gern. Ich bin im Flugzeug immer der einzige Passagier, der aufmerksam die Sicherheitseinweisung des Kabinenpersonals verfolgt. Und der sich auch immer mit einem kurzen Griff unter den Sitz vergewissert, dass da auch wirklich Schwimmwesten sind. Ich begrüße den Trend nicht, dass die Anweisungen inzwischen mehrheitlich vom Monitor abgespielt werden. Ich hätte lieber jemanden *persönlich* vor mir, für den Fall, dass Fragen auftauchen.

»Bitte jetzt alle Schwimmwesten anziehen«, weist uns Muhammed Ali an. Ich habe meine natürlich längst an und bin nun dabei, alle drei Verschlussstellen enger zu stellen. Sicher ist sicher. Seit meinem Schwimmwesten-Trauma nehme ich das alles sehr ernst.

Es war auf meiner Kreuzfahrtschiff-Expedition letztes Jahr. Als ich irgendwo in spanischen Gewässern meine Innenkabine ohne Fenster bezog, hörte ich, wie auf dem Gang ein kleiner Tumult entstand. Ich schaute aus meiner Miniatur-Kabine raus und sah, dass alle Menschen in eine Richtung liefen. Ein Großteil davon trug Schwimmwesten. Auf einem Schiff auf hoher See kommt da nicht zwingend das erhoffte Gefühl von Erholung und Entspannung auf. Also lief ich der Horde an Schwimmwestenträgern hinterher. Die hatten viel Vorsprung, und Gänge auf Kreuzfahrtschiffen können ganz schön lang sein. Irgendwann, als ich sie eingeholt hatte, tippte ich einen an oder zog an seinem Schwimmwesten-Schnürl, so genau weiß ich das nicht mehr, auf jeden Fall war es ein sehr aufgeregter junger Mann um die achtzig. »Sie müssen zu Ihrem Treffpunkt!«, rief er. Mir war nicht klar, was das bedeuten sollte. »Was für ein Treffpunkt?«, fragte ich. »Der steht auf Ihrer Schwimmweste!«, rief er. »Ich habe aber keine an«, sagte ich. »Ja, das sehe ich!«, rief er. Einstweilen wurden wir schon fast von einem nachdrängenden Schwall Rettungswestenträgern überrollt. Ich hielt panisch Ausschau, ob bereits irgendwo Wasserflecken sichtbar waren. »Die finden Sie in Ihrem Kasten!«, rief er mir abschließend noch zu. Dann wurden wir getrennt. Ich musste jetzt gegen den Strom laufen, in die Bestimmtheit hinein, dadurch wahrscheinlich den letzten Platz im Rettungsboot zu verlieren. Aber die Wahl zwischen kein Rettungsboot versus keine Schwimmweste ist wie zwischen Pest oder Cholera. Zum Glück stellte sich das Spektakel als verpflichtende Seenotrettungsübung heraus. Also wenigstens keine Lebensgefahr.

Inzwischen ist Ali bei der Klo-Einschulung angekommen. »Meine Dame und Herre, gucke Sie, die Klo ist da draußen!« Ali zeigt hinaus aufs weite Meer. Dann lacht er wieder laut auf. »Hihihi, Muhammed Ali hat gemacht eine Scherze!!!«

Nach zehn Minuten haben wir den Hafen auch schon verlassen und sitzen aufgereiht in schöner oranger Schwimmwesteneinheit.

»So. Jetzt alle ausziehen«, sagt Ali ernst.

Was wird das? Ich schaue verzweifelt den Gatten an. Haben wir das Kleingedruckte nicht gut gelesen und einen FKK-Bootsausflug gebucht? Auf den Spuren der Freikörperkultur durch die Weiten des Meeres, oder was?

Ali lacht laut auf. »Haha, die Schwimmwesten, meine ich! Die können Sie jetzt alle wieder ausziehen!«

Offenbar war das Anlegen der Westen nur ein symbolischer Akt für die Hafenbehörde. Ich will nicht der einzige Schwimmwesti sein und lege auch ab. Ungern, aber wird schon passen. Sind ja ISO-zertifiziert. Außerdem, wir fahren zu den James Bond-Inseln. Ich mein, James Bond hat sicher niemals Schwimmwesten getragen, oder? »Bootsausflug mit Kajak-Tour zu den James-Bond-Inseln«, stand im Schaufenster vom Reisebüro im Club. Für mich klang das nach der perfekten Mischung aus Abenteuer und ausreichend Möglichkeit, Instagram-taugliche Star-Selfies zu schießen. Immerhin bin ich dort, wo James Bond war.

Ali ist grad mitten im Sachunterricht. Ebbe und Flut sind das aktuelle Thema. Und dass wir nur zu einer bestimmten Phase in die Höhlen paddeln können.

Kurz danach liege ich flach auf dem Rücken in einem Kajak und stelle die Atmung ein. Zwischen mir und dem Kalkstein oberhalb sind maximal 5 cm frei. Ab und zu leuchtet die Stirnlampe von Ali kurz drauf. Ansonsten ist es stockfinster. Und ich spüre deutlich, das Maximum an Abenteuer im Urlaub ist hiermit für mich erreicht.

Ali lacht und ruft laut aus: »Wir sind gleich drin in der Hölle!«

Ein Wort falsch betont, und alles ist vorbei.

Ich öffne die Augen erst wieder, als wir in einer atemberaubend schönen Lagune angekommen sind. Ein See, umrahmt von unendlich hohen Felsen. Glasklares, türkises Wasser, dazwischen Bäume, Sträucher. Wie eine verwunschene und vergessene Welt. Ganz weit oben über den steilen Spitzen der Felsen sieht man den Himmel. Mega beeindruckend! Wäre ich nicht so besorgt, dass die Flut genau heute vielleicht außergewöhnlich früh einsetzt, würde ich mich fix wie James Bond fühlen …

Latest News!

Bist schon verlobt?

Sehr witzig! Nein!

Was dann?

Kroatien! Kroaten sind scharf!!!

Wieso jetzt Kroatien?

Integration beginnt im Schlafzimmer

Der Stoff darf nicht ausgehen

Meine allergrößte Sorge im Urlaub ist, dass mir der Lesestoff ausgeht. Weil ich Bücher nur im gedruckten Originalzustand und nicht als elektronisches Datenwerk richtig genießen kann, ist mein halber Koffer stets voll mit Büchern. Faustregel: 3 Bücher pro Urlaubswoche. Macht 6 Bücher in diesem Urlaub. Wäre es beim Landeanflug überlebensnotwendig gewesen, Ballast abzuwerfen, hätte ich allein mit meinen Büchern unser aller Leben gerettet. Sicher, am Flughafen in Khao Lak wäre man erstaunt gewesen, warum es da plötzlich zeitgenössische deutschsprachige Literatur hagelt.

Ganz besondere Bücher nehme ich auch wieder mit nach Hause. Die meisten hinterlasse ich aber am Urlaubsort, das ist noch ein Relikt aus meiner Zeit als Zimmermädchen in einem Hotel. Ja, ich durfte damals nicht nur im Keller bügeln, sondern auch die Zimmer putzen. Wie sehr ich mich da immer freute, wenn die Gäste Zeitschriften hinterlassen hatten! Denn so fürstlich war der Verdienst nicht, dass ich mir Bücher hätte leisten können. Als Ferialpraktikantin mit 16 Jahren muss man Prioritäten setzen, was den Finanzhaushalt betrifft. Noch dazu, wenn man für einen Monat Im-Bergwerk-Hotel-Schuften umgerechnet 360 Euro bekommt. Immerhin war ein (!) Tag frei pro Woche, und zwischen 23 Uhr und 6 Uhr Früh hatte ich auch frei. 7 Stunden Freizeit versus 17 Stunden Arbeit. Da hätte ich so einen Betriebsrat wie jetzt an meiner Seite benötigt! Deswegen lasse ich jetzt auch gerne Bücher oder Zeitschriften in Hotelzimmern zurück und hoffe, dass sich jemand darüber freut.

Manchmal schreibe ich auch kleine Zusammenfassungen oder Widmungen ganz vorne in die Bücher, bevor ich sie liegen lasse.

Dann stelle ich mir vor, wie meine Bücher auf Reise gehen und vielleicht eines Tages wieder zu mir zurückfinden.

Ein bestimmtes Buch wird definitiv nicht zu mir zurückfinden, das ist nämlich auf dem ISO-zertifizierten Speedboot zu den James-Bond-Inseln über Bord gegangen.

»Du wirst da schwa tuan mit dem Lesen«, sagt der Gatte prophetisch zu mir, als ich mit dem Buch unterm Arm zum Transferbus stöckle. »Geh bitte, ich kann immer und überall lesen«, antworte ich trotzig wie eine 3-Jährige. Stimmt ja auch, ich lese im Auto auf dem Beifahrersitz, im Bus, in der U-Bahn, in der Sauna, in der Skigondel, es gibt so schöne Orte zum Lesen. Wenn es stark pressiert, dann lese ich auch beim Gehen. Wenn ich die Wege gut kenne und aus dem Augenwinkel heraus die Schatten der Menschen und Laternen wahrnehmen kann. »Wirst scho sehn!«, erwidert er besserwisserisch, der Herr Motorbootexperte. Ich werde gleich noch trotziger. Allerdings, wie das so ist mit trotzigen Kindern, die Eltern haben dann meistens doch recht. Das muss ich mir eingestehen, als ich mich dann im Boot beidhändig an alles, was nur irgendwie fest und erreichbar ist, kralle. Das ist ja kein Boot, das ist eine Tornadomaschine! Bei jeder kleineren Welle schwingt der Bug des Bootes einen Meter nach oben, um danach mit einem dumpfen Schlag wieder schwer aufzuprallen. Den leichteren Menschen in unserer Reisegruppe hebt es dabei sogar den Hintern kurz hoch. Wie beim Tagada im Wiener Prater. Die schwereren Menschen in unserer Reisegruppe drückt es gefährlich nah an den jeweiligen Sitznachbarn.

Nichts für Menschen, die zur Seekrankheit neigen. Und auch nichts für mein Buch. Das hebt es nämlich bei der ersten Welle auch kurz hoch, nur dass es nicht mehr zurück auf den Popo prallt, sondern in einem hohen Bogen über Bord geht. Den Gattenblick kann man sich bildhaft vorstellen. Seither treibt mein

Buch »Zur unmöglichen Aussicht« von Gustav Ernst also irgendwo im Meer vor Thailand.

Für dringende Buch-Notfälle gibt es in Wien den großartigen Sharing-is-Caring-Trend: öffentliche Bücherschränke. In ganz Wien wachsen diese Bücherschränke, wo man sowohl seine eigenen ausgelesenen Bücher hinbringen als auch selber welche mitnehmen kann, wie die Schwammerl aus dem Boden. Geniale Erfindung! Jetzt hilft das halt nix in Thailand, weil da habe ich weit und breit noch keinen Bücherschrank gesehen. Und ich halte immer gut Ausschau, was das Angebot, die lokale Wirtschaft zu unterstützen, betrifft; in jedem kleinen Ort, durch den wir durchfahren.

Die Zusammenstellung der Geschäfte ist hier eigentlich immer gleich. Massagestudios, Restaurants, Geschäfte mit touristischer Bekleidung und nachgemachter Designerware, und vor allem Tattoo-Studios. In meinem ganzen Leben habe ich noch nie so viele Tattoo-Studios gesehen! Aber weit und breit kein Buchgeschäft oder öffentlicher Bücherschrank. Doch halt, da war doch wo einer! Jetzt fällt es mir dunkel wieder ein. Die Hotelanlagen-Erkundungstour! Da war doch ein Kasten mit Büchern. Ich wollte bei der Tour schon abspringen und diesen Kasten näher unter die Lupe nehmen, aber das hätte die Routenplanung bei der Erkundungsrundfahrt durcheinandergebracht und ich hätte den dahinterliegenden Spa-Bereich womöglich nie gefunden.

Gleich nach der Rückkehr vom Ausflug biege ich von der Rezeption weg in die Richtung ab, wo ich den Schrank in Erinnerung habe. »Ich bin gleich wieder da!«, rufe ich Gatten und Kind im Abgang zu. »Wo gehst du jetzt hin?«, fragt er mich. »Ich muss mich fortbilden, für die Zukunft! Bin gleich wieder da!« Und tatsächlich! Gleich hinter der Rezeption steht ein prall gefüllter Bücherschrank. Da zahlt es sich wieder mehr als aus, dass wir in einem deutschen Club sind. Ein ganzer Kasten voll Bücher, gut sortiert und gut erhalten. Und sogar deutschsprachige Literatur ist dabei. »Asterix auf Sächsisch« zum Beispiel! Großartig. Das nehm ich gleich mit. Und da weiter hinten liegt noch ein Magazin. Ich suche meine Brille in der Badetasche, und als ich sie endlich finde, kann ich den Titel genau lesen. Ich halte *Das Großeltern-Magazin* in Händen. Eine Zeitschrift für das Zusammenleben mit Enkelkindern!

Ich stehe mit Gleitsichtbrille in einem deutschen Urlaubsclub auf Thailand und blättere im Großeltern-Magazin. Ist das der wilde Rockstar-Lifestyle, den ich mir immer erträumt habe?

Just smell

»Hey Mister!«, ruft es von Weitem. Ich blinzle durch die Sonnenbrille. Momo and his spices ist im Anmarsch. Ich stupse den Gatten wach. »Dein Schwager kommt gleich zu dir!« – »Wer?«

Da steht er auch schon bei uns.

»Hey mister, my last day today, you wanna buy spices?«

War nicht gestern noch von *drei Tagen* die Rede?

»Hello Momo«, sagt der Gatte verschlafen. »How are you?«

»So much work with the wedding of my beautiful sister! You wanna see picture of her and you wanna buy some spices today?«

Das waren jetzt zwei Fragen in einer. Verwirrungstaktik. Ich würde laut auf beides NEIN antworten, besser gesagt: No!

»I have no money with me«, sagt der Gatte.

»No problem! I show you the beautiful spices!«

Hui, wie wird er das ohne Geld lösen? Gibt es mittlerweile

schon mobile Bankomatkassensysteme für illegale Strandverkäufer? Inzwischen sind sie beiden Herren schon tief im Verkaufsgespräch.

»This is great ginger spice«, sagt Momo.

Sofort denke ich an die rothaarige Geri Halliwell von den Spice Girls. Mein Style-Vorbild der 90er Jahre. Rote Haare, blonde Strähne. Wann haben die sich eigentlich aufgelöst? Ich google auf Wikipedia, während Momo weiterhin bemüht ist, einen Verkaufsabschluss herbeizuführen.

»I also have best cinnamon of Thailand!«, sagt er.

Spice Girls Auflösung laut Wikipedia: 2001, 2008, 2012 und 2016. Eine Band. Viermal aufgelöst. Wie geht das? Nun gut, falls so eine Frage beim Bommel-Quiz kommt – ich bin vorbereitet!

Momo hält dem Gatten inzwischen ein geöffnetes Säckchen unter die Nase. »Just smell, please!«

Na da bin ich jetzt aber sehr gespannt, wie er aus der Nummer wieder rauskommt, jetzt wo er mit seiner Nase schon so tief drinsteckt. Ich habe nichts damit zu tun und kündige an, mich nach dem Kind umzuschauen.

Man spricht Deutsch

Der Vorteil von deutschen Clubanlagen ist, dass man schneller Urlaubsbekanntschaften schließen kann. Weil uns alle *eine* Sprache verbindet.

Die ostdeutsche Familie neben uns hat offenbar gerade zarte Bande der Freundschaft mit den Bayern dahinter geschlossen. Vieles kann ich noch nicht verstehen, aber bald! Denn ich liege daneben und versuche mich auf meine neue Lektüre zu konzentrieren, »Asterix auf Sächsisch«. Die Bedeutung von Vielem kann ich nur erahnen, auch wenn ich es laut vorlese.

»Oarschwerbleede« oder »Däschdlmäschdl«.

Der Gatte hebt kurz den Kopf. »Wie bitte?«

»Nüscht!«, sag ich. »Ich übe für die Buchmesse in Leipzig.«

»Du hast aber noch kein Buch!« Er wackelt kurz mit dem Kopf und dreht ihn dann auf die andere Seite, um weiterzudösen.

»Sgladschdglei.«

Die Ossis neben mir kann ich kaum verstehen, sie dürften von weiter oben sein. Brandenburg? Spricht man da so?

Der Papa von den Bayern kommt jetzt zu ihnen, er stellt sich vor die Liegen und streckt das Bäuchlein über die Badehose. Man erkennt gleich, dass er es gewohnt ist, teammotivierend und raumergreifend vor Publikum zu sprechen. Ich tippe auf Vorstandssitzungen. Oder vor der Ehefrau und den Kindern.

Sie reden irgendwas über den König.

Die Ostler sind echt kaum zu verstehen, obwohl ich mich sehr anstrenge. Der Gatte fragt schon, warum ich so schief auf meiner Liege hänge.

»Jo, der wohnt bei uns glei am Stoarnberger See, der König!«, sagt der Bayer. Mit Betonung auf »bei uns«. Damit die Herkunft gleich klargestellt ist.

Der Stoarnberger See ist das Stichwort für die beiden erwachsenen Söhne, die jetzt kurz von ihren Smartphones hochschauen. Beide haben einen gut lesbaren Aufdruck auf der Badehose. »Tommy Hilfiger« bzw. »Michael Kors«. Ich überlege, ob die Burschen vielleicht auch Thomas und Michael heißen und es somit gleich ein Schummelzettel für den Papa ist? Auch Gattinnen könnte man derart prima markieren. Sofern sie Chanel heißen. Oder Donna Karan. (Ich heiße dann aktuell Mango. Passend!)

Für die Männer haben sie vielleicht deswegen die Marke BOSS erfunden. Zur einfacheren Orientierung für alle Beteiligten.

Ich stupse den Gatten an. »Psst. Stell dir vor, die wohnen neben dem deutschen König!«

»Es gibt scho lang keinen deutschen König mehr! Falls jemals beim Strandbar-Quiz die Kategorie Geschichte kommt, bitte loss' aus!«

»Najo, es gibt einen Puffbesitzer, der sich zum Prinzen hat adoptieren lassen. Also ich halte nix für ausgeschlossen!«

»Wieso weißt du das wieder?«

»Weil der grad erst ein Buch veröffentlicht hat. Lesen bildet.«

»Und wie heißt das Buch?«

»Die Kamerahure.«

»Wie bitte?«

»Ja, die Kamerahure! Die Biografie von Prinz Marcus von Anhalt.«

»Diese Bildung wirst beim Quiz im Familienclub sicher nie brauchen.«

»Kaiser vielleicht? Gibt's an Kaiser?«

»Jo, der Beckenbauer!«

»Aber wovon ist der Kaiser?«

»Vom Fußball!«

Er schüttelt den Kopf und dreht ihn dann auf seiner Liege wieder zur Seite. Inzwischen melden sich die Ostler zu Wort und fragen den Bayern: »Kim! Mokscht mitmochn beim Kkikal!?«

Und da fällt es mir plötzlich auf. Da braucht man auch kein Sprachwissenschaftler zu sein. So viele harte Konsonanten gibt es im gesamten ostdeutschen Bundesgebiet nicht. Das sind ja gar keine Ossis, das sind *Tiroler* neben uns!

Arg, wie schnell man sich an tiefgründige Gespräche per Chat gewöhnt. Schau, hier ein Beispiel von einem Chat. Magst sehen?

JA

Er: „Hi", ich: „Hi", er „Spaß?", ich: „Sicher!", er: „Auf was stehst du?", ich (nach einer langen Pause, die bisherige hochgeistige Konversation verdauend): „Und was machst du so?"

Puh, das wird schwierig.

Grad dass man das „Hi" schafft. Eigentlich könnte man gleich schreiben: „Ficken? Jetzt?"

Es sind rohe Zeiten.

Aber ich gebe nicht auf, nach dem 17. SMS fragt er bestimmt, wie ich heiße.

Die Lösung steht auf dem Gemeindebau

Als ich auf meiner Liege erwache, ist es links und rechts leer. Kein Kind, kein Gatte. Ich schaue auf die Handy-Uhr und gleich danach renne ich los. Ich habe fast das Bommel-Quiz verpennt! Auf unserem – inzwischen kann man ihn schon durchaus so nennen – Stammtisch sitzt bereits der Gatte neben unserer neuen Spiel-Freundin. Und noch eine Frau ist an unserem Tisch. DJane She-Star! Die Star-DJane zeigt Fannähe, das gefällt mir. Dem Gatten dürfte das auch gefallen. Er strahlt mich an: »Schau, wir haben schon fünf Steinchen erspielt!«

Ich setze mich auf den leeren vierten Stuhl und weiß nicht so recht, wie ich die Star-DJane begrüßen soll. Gibt man da die Hand und stellt sich mit seinem Nachnamen vor? Lang brauch ich eh nicht überlegen, weil der Bommel-Spielleiter (heute übrigens in einem Elefantenkostüm) ruft schon die nächste Frage aus.

»Wer gilt als der Erfinder des Penicillins?«

»Bommel!«, brüllt der Gatte mir ins Ohr und ich muss mich doch sehr wundern. Woher wissen wir, wer das Penicillin erfunden hat?

»Alexander Fleming!«, schreit er hinterher, und voller Respekt legt der Spielleiter ein Steinchen auf unseren Tisch. Unabsichtlich streife ich mit meinem Oberarm an seinen Rüssel.

»Wieso weißt du das?«, frage ich.

»Na, weil es bei uns ums Eck auf einem Gemeindebau steht«, antwortet er.

DJane She-Star zeigt sich beeindruckt. »Bei euch steht auf den Häusern drauf, wer das Penicillin erfunden hat?«, fragt sie nach. »Wo kommt ihr denn her?«

»Aus Wien!«, antwortet der Gatte stolz, und es würde sicherlich eine Einführung in die Kultur der Wiener Gemeindebauten von einst bis jetzt folgen, wenn nicht der Elefant die nächste Frage in die Runde riefe.

»In welchem Jahr begann der Erste Weltkrieg?«

»Bommel!« Jetzt war ich Erster! »1938!«, rufe ich laut. Vor lauter Aufregung. Und das ist natürlich total falsch. Da brauch ich nicht mal einen Schummelzettel auf dem Gemeindebau außen drauf. Der Elefant nimmt einen Spieler vom Nebentisch dran, der die richtige Antwort weiß, und ruft dann die nächste Kategorie aus.

»Wir kommen jetzt zur Kategorie Musik!«

Der Gatte schaut lässig zu DJane She-Star hinüber. »Des is jetzt wos für uns, gö?«

Sie wirft ihm einen verstörten Blick retour und weiß nicht so recht, was sie erwidern soll. Ich glaube, sie hat auch nix von dem Satz verstanden, will aber nicht unhöflich erscheinen. Der Spielleiter stellt die Frage.

»Welchen Nebenjob hatte Kurt Cobain während seiner Schulzeit?«

Die Hand des Gatten rast nach oben. Er schreit: »Bommel!« Als Einziger.

Jetzt bin ich wirklich gespannt, ob er das weiß. Er zwinkert DJane She-Star zu. Die schaut grad nicht so aus, als wüsste sie über die nebenberuflichen Aktivitäten des Nirvana-Frontman Bescheid. Dafür der Gatte umso mehr.

»Er war Schwimmtrainer für Kinder!«

Und zack, prack, landet nicht nur das nächste Steinchen auf unserem Tisch, sondern auch ein anerkennender Blick von She-Star auf dem Gatten.

»Najo, wir zwa, wir miassn des wissen, gö! Bei den Musikfragen diaf ma uns net lumpen lassen«, meint er stolz.

Leider reicht es nicht zum Gesamtsieg. Der Nebentisch hat ein Steinchen mehr.

»Warum hast du der DJane das gesagt, dass ihr das wissen müsst, mit den Musikfragen?«, frag ich ihn, als wir zur Liege zurückgehen. »Hast du die vorher schon kennengelernt, oder habt ihr euch vorgestellt?«

»Nö«, sagt er. »Aber damit gleich mal klar ist, wer ich bin!«

Bandenbildung

Nach einer Woche im deutschen Club haben sich schon einige Kinderfreundschaften gebildet. Man kennt sich vom Pool oder hat sich gegenseitig beim Wasserkampf runtergestoßen. Oder vom Warten auf die Kinder-Disko.

Heute in der Früh ist unser Kind schon wie ein Geheimagent durchs Frühstücksbuffet geschlichen und hat diversen Mädchen in ihrer Körperhöhe zugenickt. Die haben dann zurückgezwinkert und den Daumen nach oben gestreckt. Beim Obstbuffet hat ein österreichisches Mädchen zu ihr rübergerufen: »Eins!«

Sonst nix.

Irgendwas ist hier im Gange. Die planen irgendeine Machtübernahme. Einen Putschversuch. Vielleicht wollen sie Robbie das Clubmaskottchen entführen und die Herausgabe aller Handys erpressen?

»Habt ihr eine Gang, oder was is da los?«

»Nein, Mami, das sind meine Freundinnen!«

»Und wieso sagt die: ›eins‹?«

»Weil wir uns um eins treffen.«

»Wo denn?«

»Mensch Mama, du bist so neugierig!«

»Ich bin deine Schutzbeauftragte. Ich muss das sein.«

Augenrollen. »Wir treffen uns um eins beim Billardtisch.«

»Und dann?«

»Nix dann. Dann gehen wir gemeinsam Mittagessen.«

Selfie mit Sasha

»Mama, das ist doch der Sänger aus dem Fernsehen«, sagt das Kind und zeigt auf ein paar Tische weiter neben uns. Sogar eine Neunjährige kennt den berühmten Sänger, der schon seit 20 Jahren im Musikbusiness unterwegs ist. »Wieso kennst du ihn?«, frage ich verwundert nach. »Na logo, der ist doch in der Jury von ›The Voice Kids‹. Gemeinsam mit Boss Hoss!«

Ich bin beeindruckt, was sich Kinder alles merken. Ich muss sie unbedingt zum Bommel-Quiz mitnehmen. »The Voice Kids« ist ein Ableger der erfolgreichen deutschen Castingshow »The Voice of Germany«. Vor allem die beiden Mädels Mimi und Josy haben mit ihrer Interpretation des *Radiohead*-Kult-Hits »Creep« nachhaltigen Eindruck bei meiner Tochter hinterlassen. Dann gibt es noch einen zweiten Ableger von »The Voice of Germany«, der altersmäßig eher für mich in Frage kommt, »The Voice Senior«.

Hier bekommen SängerInnen ab 60 die große Chance, durchzustarten. Ich muss jedes Mal weinen, wenn ich das sehe, so schön ist es. Dieses Strahlen in den Augen, die Freude an der Musik, der Spaß am großen Auftritt. Giselle, 77, wie sie »Ich liebe das Leben« von Vicky Leandros singt, oder Dan, 64, mit seiner Version von

»Don't stop believin'«. Ich weine dann, weil die Kandidaten sich so freuen im Fernsehen. Und ein bisserl weine ich auch, weil es mir selbst Hoffnung gibt. Denn wenn ich in dem Tempo wie bisher an meiner Autorenkarriere weiterarbeite, geht sich eine Veröffentlichung mit 60 vielleicht noch aus. 14 Jahre hätte ich noch. Inzwischen habe ich aber wenigstens ein paar unterstützende Vermarktungsideen für die Karriere vom Gatten: »Du kannst ja den Sasha fragen, ob du auch als singender DJ bei The Voice auftreten könntest?«, sage ich zu ihm. Er gehört nämlich nicht zu den zurückhaltenden DJs, die leise und cool im Takt ihre Musik mitsummen. Er gibt ALLES für das Publikum! Wenn er mir dann wieder Videos von einem Auftritt schickt, sehe ich, wie Menschen Polonäsen durch kleine, dunkle Kellerlokale in Wiener Außenbezirken machen. Angeführt vom Abteilungsleiter oder einer Kassadame.

Inzwischen erkenne ich schon seine Stammkunden, die ihn jedes Jahr buchen. Oder Autoverkäufer, die auf der Weihnachtsfeier wild die Köpfe schütteln – Headbangen zum Jahreswechsel! Bei allen lustigen Videos ist eine mir sehr bekannte Stimme im Hintergrund zu hören. Nämlich die Stimme des DJs, der lautstark mitsingt. Das ist dann die von mir in Vermarktungsgesprächen mit seinen Kunden angebotene Stimmungsgarantie. Er hat schon die lahmsten Enten auf die Tanzfläche gebracht. Einmal war er bei einer Jubiläumsfeier einer Notariatskanzlei gebucht. So viele Stecktuchträger auf einem Platz habe ich noch nie gesehen wie auf den Videos, die er mir geschickt hat. Gemäßigte Chill-out-Musik zum Intro, hieß es im Briefing. Dazu lehnten alle lässig an der Bar und nippten zart an kleinen Cocktailgläsern. »Das schaut leider nicht danach aus, als ob da heute noch der Bär bei euch steppen wird«, schrieb ich zurück. Eine Stunde später bekam ich ein Video mit tanzenden Stecktuchmännern. Auf der Bar!

Von daher fände ich eine singende DJ-Karriere bei »The Voice of Germany« durchaus interessant. Der Gatte ist allerdings von meinem Konzept noch nicht so überzeugt. Er schielt weiterhin auf das Mischpult von DJane She-Star und träumt von einem Auftritt hier im Club.

»Du könntest als Sasha-Imitator-DJ auftreten.« Meine Kreativität läuft grad so richtig warm.

»Was? Ein DJ, der einen Sänger imitiert? Was soll das sein?«, fragt mich der Gatte.

»Du musst schon offen sein für Veränderungen«, wende ich ein. »Gerade im Musikbusiness ist Veränderung alles. Der Sasha hat sich auch immer wieder selbst neu erfunden. Da gab es ein Rockabilly-Projekt unter dem Namen Dick Brave, und laut Internetrecherche sind auch Christmas-Chaos-Shows mit anderen berühmten Künstlern geplant!«

»Was für ein Chaos?«, fragt der Gatte.

»Egal, es geht ums Neuerfinden. Du könntest seine Songs DJ-mäßig covern. Oder so was halt. Denk mal drüber nach!«, sage ich und spüre, dass ich das managementmäßig in die Hand nehmen muss. Künstler brauchen Führung, und wer könnte das besser als die angetraute Gattin? Wir denken an dieser Stelle kurz an das gelbe Theraband in der Küche.

Vielleicht ergibt sich ja mal ein lockeres Gespräch mit Sasha. Vielleicht stehen wir ja mal gemeinsam beim deutschen Buffet an und ich nutze die Gunst der Stunde, um ihn mit meinem leeren Teller ein bisschen anzustupsen. »He Sasha, so 'n Zufall. Du hier? Weißt du, mein Mann ist DJ aus Wien. DJ Mike made by Dynamite! Yo Man!«

Spricht Sasha überhaupt Deutsch? Er wirkt so international. Auf Facebook schreiben alle meine Freundinnen, dass er so nett ist. Zwei davon hatten schon beruflich mit ihm Interviews. Alle schwer begeistert. Sympathisch. Professionell. Aber auch die Männer überschlagen sich mit Komplimenten. Der Mann hat nur Fans! Ich will jetzt auch wissen, wie man so eine Karriere hinlegt. Ob das in der Literaturbranche in meiner Altersliga auch noch geht? Mir fällt Dan, 64, wieder ein: »Don't stop believin'«.

Am nächsten Tag sitzt Sasha tatsächlich wieder in unserer Nähe. Vielleicht sollte ich ihn um ein Selfie bitten? Man muss die Chancen im Leben dann ergreifen, wenn sie sich ergeben.

Damals am Flughafen in Berlin hat sich auch so eine Chance ergeben. Gernot Kulis, ein österreichischer Comedian, berühmt geworden durch seine Rolle als Ö3-Callboy, stand vor mir in der Reihe beim Check-in. Ich war gerade auf dem Rückflug von einem Wochenende als Gastleserin bei einer Berliner Lesebühne. Eingeladen mehr oder weniger von mir selbst. Eher mehr. In Berlin gehören Lesebühnen seit Jahren zum Fixpunkt des kulturellen Lebens. In regelmäßigen Abständen, oft sogar wöchentlich, treffen sich hier schreibbegeisterte Autoren und tragen ihre Texte dem Publikum vor. Es gibt auch welche, die vor richtig großem Publikum spielen. Und es gibt auch Lesebühnen in nicht-hippen-Bezirken, wo das Interesse an solchen kulturellen Veranstaltungen eher überschaubar ist. Aber Berlin wäre nicht Berlin, wenn es nicht auch dafür eine kreative Lösung gäbe. Also gibt es spezielle Ermäßigungen bis hin zu Gratistickets für Sozialhilfeempfänger. Und genau so was liebe ich. Kultur soll möglichst offen für alle sein. Egal ob Villa oder Plattenbau.

Dieses eine Mal in Berlin stand also ich auf der Bühne. Natürlich hatte ich es groß auf Facebook angekündigt und mir sogar T-Shirts drucken lassen.

World Tour 2019 – 30.8.: Berlin

Der Auftritt selbst war großartig. Vor allem die Gratisausgabe der kleinen Klopfer-Likörfläschchen kam sehr gut an. Bisher fremde Menschen klopften sich fröhlich gegenseitig zu, während ich auf der Bühne zu erklären versuchte, was es bei uns in Österreich bedeutet, »einen Klopfer zu haben«. In einem Text wollte ich mich sprachlich einschleimen und imitierte das Berlinerische. Das ging komplett in die Hose. Von der Bühne aus sah ich in zwar schon leicht angeheiterte, aber dennoch verstörte Gesichter. Wenigstens ging niemand in der Pause. Nach dem Auftritt kamen sogar extra welche zu mir, das hat mich besonders gefreut, ich ging schon in Selfie-Position und war bereit, offen über meine Heimatstadt Wien zu plaudern. Das war aber alles nicht nötig, die Fragen an mich waren alle gleich: »Gibt es hier noch so 'n Gekloppe, wa?«

Wie ich also vor dem Berliner Retourflug ewig beim Check-in wartete und überlegte, wie ich den Comedian jetzt ansprechen könnte, platzte es auf einmal aus mir heraus. »Hallo, du bist doch der berühmte Ö3-Callboy, oder?!« Einige Berliner Fluggäste rund um uns, die ja keine Ahnung hatten, dass Ö3 ein großer österreichischer Radiosender ist, wurden plötzlich hellhörig. Warum spricht die Frau einen offensichtlich fremden Mann am Flughafen an und fragt ihn, ob er DER berühmte Callboy sei??? Was ist da los in Österreich? Weil es auf einmal so ruhig wurde und alle uns anstarrten, war mir klar, ich musste das irgendwie auflösen. Also legte ich nach: »Hattest du AUCH (das Wort habe ich besonders stark betont) einen Auftritt in Berlin?« Das entschärfte die Situation nicht zwingend. Trotz der Schaulustigen entspann sich ein nettes Gespräch »unter Kollegen«. Er hielt mich möglicherweise für eine Hochstaplerin. Die Mitreisenden hielten mich möglicherweise für eine schon etwas abgehangene Poledance-Akrobatin. Nichts ist auszuschließen. Aber der berühmteste Callboy von ganz Österreich schenkte uns am Ende sogar zwei Karten für seinen nächsten Auftritt.

»*Jetzt* könntest du ein Selfie mit dem Sasha machen«, sagt der Gatte zu mir und holt mich aus meinen Callboy-Träumen.

»Um Gottes willen. Das ist ur peinlich. Der ist hier privat auf Urlaub! Lass den armen Mann in Ruhe!«, sage ich.

»Würde ich auch nie machen, so was«, sagt er, »aber zu dir passt das.«

Fünf Minuten später poste ich mein Selfie mit Sasha auf Facebook.

Stell dir vor, ich hab heute ein Date beim Ikea.

Wer macht ein Date beim Ikea???

Schweden?

Geh bitte, Alarmstufe rot!

Wieso? Was soll dort sein?

Der ist sicher verheiratet und schickt seine Familie ins Restaurant zum Kötbullar essen mit Refill-Saft, während er in der SB-Halle, Gang 31, Regal 26 sein Tinder-Date fickt!

Auf der Flucht

Wenn man schon illegal ins benachbarte 5-Stern-Hotel frühstücken geht, sollte man sich vielleicht unauffällig und ruhig verhalten. So wie ich heute.

Also die Sache ist die. Gleich neben unserem Hotel ist so ein Luxushotel. Und na ja, man soll ja auch über den eigenen Tellerrand hinausblicken und deswegen habe ich vorgeschlagen, dass wir heute dorthin frühstücken gehen. Weil es sozusagen das Schwesterhotel von unserem ist, kann man hier abends ohne Aufpreis essen. Wenn man sich rechtzeitig anmeldet. So circa drei Monate vorher. »Fully booked«, hieß es sonst immer. Ich denke, die wollen eher unter sich bleiben. Aber da hat man nicht mit Mutti gerechnet, weil wenn Mutti abends kein Plätzchen findet, kommt sie einfach zum Frühstück! Auch wenn das da eigentlich nicht vorgesehen ist. Aber muss ja keiner wissen, auch innerfamiliär nicht, würde alle nur unnötig belasten. Das Kind mag so minimalistische Gesetzesübertretungen sowieso gar nicht. Da krieg ich schon heftigen Ärger, wenn ich zu weit vom Randstein weg parke. Ich fürchte, das liegt daran, dass sie wegen Muttern schon zu oft in peinliche Situationen hineingezogen wurde. Also bitte daher alles nach Vorschrift. Dann kann nix sein. Denkste!

Also wie selbstverständlich bewegen wir uns in dem 5-Stern-Frühstücksambiente. Nehmen Platz am Tisch. »Merci!«, zum Kellner und »no hurry«, als der Tisch noch nicht eingedeckt ist. »Wir sind im Urlaub und nicht auf der Flucht«, ist das alte Familienmotto.

An den Bewohnern merkt man auch gleich, dass man hier in einer anderen Kategorie ist. Während bei uns eine fröhliche

Mischung aus Ostdeutschen, Norddeutschen, Westdeutschen, Süddeutschen und ein paar Ösis im Hotel vorzufinden ist, sind hier die exotischeren Herkunftsländer untergebracht. Sehr viele Männer waren wohl ebenso wie ich um die Hautgesundheit ihrer Damen besorgt und haben sie fürsorglich von oben bis unten eingewickelt. Das sind die orientalischen Gäste. Gut betucht im wahrsten Sinne des Wortes.

Dann gibt es noch einige asiatische Gäste, ur schön geschminkt und großteils mit ihren Smartphones im Selfie-Modus beschäftigt. Ich schätze, es handelt sich dabei um die Asia-Instagram-Influencer-Hautevolee.

Und dann natürlich die Amis. Baseballkappen, fette Uhren und namhafte Poloshirts selbst für die Kleinsten. Natürlich mit aufgestellten Krägen (es hört wohl nie auf).

Das Essen ist eigentlich genauso gut und umfangreich wie bei uns im Hotel. Vielleicht die Deko einen Hauch aufwendiger. Und mehr Saucenauswahl bei den Waffeln. Also, wie ich da so mit meiner frischen Waffel ankomme, passiert es. Mich erwartet eine kunstvoll aufgebaute zweistöckige Galerie für die Saucengläser. Erdnussbutter, Karamell, Schoko und Vanille in so Einmachgläsern im ersten Stock. Im zweiten dann Kokosstreusel, Mangopüree, Bananenpüree, und jetzt kommt es: eingelegte Zimtäpfel! Großartig! Als ich den Einmachglasdeckel anhebe, um mir so einen Zimtapfel herauszustibitzen, gerät das ganze Luxussystem gehörig ins Schwanken. Kurz danach in Seenot, und eine Millisekunde später kracht die ganze Konstruktion zu Boden und reißt alle Saucen (Karamell, Erdnussbutter … alles!!!) mit sich hinunter.

Die Orientalen, die Amis, und ich glaub, da waren auch noch Russen, schreien laut auf, als ob ich eine Attentäterin wäre. Sie springen zur Seite und halten die Frauen und Kinder fest.

Ich stehe in der Mitte mit meiner Waffel. Festgepickt auf der Karamellsauce und in Schockstarre, weil ich nicht genau weiß, was ich tun soll. Mein erster Reflex will sich bücken und das Drama wegputzen. Aber das erledigen bereits die anrückenden Einsatzkräfte vom Hotelservice. Das Kind hat sich in der Zwischenzeit vor lauter Peinlichkeit einer asiatischen Familie angeschlossen. Vielleicht auch wegen der Hello-Kitty-Smartphones. Ich ziehe meinen Sonnenhut tiefer ins Gesicht und gehe langsam rückwärts in die Richtung, wo unser Tisch ist. Durch die Schaulustigen, die zusammengelaufen sind, hindurch. Dort sitzt der Gatte ganz allein und schaut meine undekorierte und saucenlos gebliebene Waffel an.

Ich freu mich, dass er von allem nix mitbekommen hat, beginne ein belangloses Gespräch über die hervorragende Qualität der hiesigen Mangos und lobe seine perfekte Aufschneidetechnik. Bis er mich unterbricht. »Wenn du mit ana nockerten Waffel ohne wos zruckkummst und es hot grad an riesen Tuscha gebn, dann tät mi des jetzt sehr stork wundern, wenn du net involviert woarst!«

Ich sag es ja: lieber unauffällig und ruhig verhalten … Und: Wir sind zwar immer noch im Urlaub, aber vielleicht jetzt doch besser auf der Flucht.

Mama, was heißt Wombada?

Die Gattenfamilie ist wahrlich nicht sportlich, aber bei *einer* Aktivität sind sie alle dabei: Aqua-Gym! Meistens springt unsere deutsche Schwägerin als Erste aus dem Bett, oft schon um sieben

Uhr früh. Das hat auch den Vorteil, dass wir immer die Ersten beim Liegenreservieren sind. Daher ist der Gatte natürlich auch topmotiviert, als er heute besagtes Aqua-Gym um elf Uhr auf dem Spaßplan entdeckt. Schnell das Frühstück rein und ab in den Pool. Um das Risiko einer Unterzuckerung beim Sport zu minimieren, esse ich sicherheitshalber eine Extraportion Waffeln mit Schlagobers.

Der Pool dann: das Metier des Gatten. Natürlich kenne er das schon alles, was nun käme, er sei ja schließlich mehrfach Reha-erprobt. Ergo: Wassertherapie-Spezialist. Wenn nicht sogar schon Wassertherapeut.

Alle Urlaubsgäste nehmen im Pool Aufstellung. Ganz rechts außen, der Hautfarbe nach zu urteilen, einige Dauerurlauber. Etwas fülliger, aber trotzdem noch sehr aktiv. Respekt!

Der Gatte wird schon nervös, wann es denn losgehe, es sei schon zwei Minuten nach elf Uhr. Er wird auch immer deutscher, kommt mir vor. Hätte ich noch locker aufs Klo gehen können, aber bitte. Dann der – für ihn – erlösende Pfiff! Eine durchtrainierte, junge Animateurin beginnt vom Beckenrand aus mit den Kommandorufen. Drei Längen hin und retour laufen!

Alle sprinten los, die Dauercamper, die anderen Gäste und vorneweg der Gatte. Als Erster. »Gemma, gemma!«, feuert er mich an, als er von seiner ersten Runde retour kommt.

Ich gehe davon aus, dass das Kommando mit dem Laufen mehr so symbolisch gemeint war, bleibe daher gleich im Schatten und hüpfe ein paar Mal rauf und runter. So wie man eben hüpft, wenn man aufs Klo muss.

Als er zur zweiten Runde losrennt, höre ich nur irgendwas mit: »Jaja, wie in der Rehaaaaa. Ich kenne das schon!«

Pfiff! Weiter geht's mit Hampelmännern.

Hampelmänner sind eher suboptimal, wenn das Oberteil nicht

ganz so sitzt, wie es sollte. Also lieber mal nachjustieren und fester stellen.

»Du muast scho mittuan! Des is ka Fashion-Show«, höre ich sein Kommando von rechts. Sein Kopf ist schon ganz rot. Inzwischen baut der Hotelfotograf sein Superobjektiv auf und richtet es auf die Dauercamper.

»Nur die Wombaden fotografiert er, aha!«, höre ich es leicht beleidigt von rechts.

»Mama, was heißt Wombada?«, kommt es jetzt von links.

»Nix, Schatz. Das ist der Cocktail des Tages«, sag ich und werfe dem Gatten maßregelnde Blicke zu.

Pfiff! Es geht weiter mit Füßeheben. Knie nach oben. »Higher, higher!«, ruft die Trainerin.

Der Gatte nickt zustimmend. »Good. Wie in der Reha! – Knie zur Brust!«, übersetzt er freundlicherweise für mich.

Ich beobachte die Dauercamper. Da läuft das teilweise umgekehrt, Stichwort: Brust bis zum Knie.

Pfiff! Alle auf den Beckenrand setzen. Natürlich bin ich wieder der hellste Stern am Beckenrand. Weiß wie das Handtuch. Bauchübungen. Hände hinter den Kopf, Beine nach oben. Ich muss immer noch aufs Klo. Dringend.

»Un, deux, trois«, zählt der Gatte hochmotiviert mit der Trainerin mit. Seit wann kann er Französisch?

Ich kann auf jeden Fall gar nix mehr. Jede Klappbewegung drückt mir auf die Blase, und so ein Pool ist nur eine Option bis maximal fünf Lebensjahre …

Als die anderen dehnen und ich zum Klo laufe, höre ich noch: »Papa, gibt es den Wombaden auch ohne Alkohol?«

Ich brauch dann mal einen Cocktail …

Nummerntausch

In unserem Zimmer tauchen vermehrt kleine Zettel auf, wo draufsteht:»Anke (Sylt, Thailand) + Nummer«, oder:»Iris + Leo (Halle, Thailand) + Nummer«.

Das Geografiegenie in mir wartet schon darauf, dass ich in einem Jahr glaube, Sylt und Halle lägen in Thailand. Das ist natürlich der klare Vorteil deutscher Clubanlagen: Man lernt schneller neue Bekannte kennen, wenn man möchte.

Nachdem uns Anke gestern freundlich nach Sylt eingeladen hat, rief ich gleich hocherfreut eine kleine Familienrundfahrt aus. »Prima, ans deutsche Meer! Das können wir dann gleich mit einem Abstecher nach Rostock verbinden!«

Ich wurde freundlich informiert, dass dieser»Abstecher« eine Autoreise von mindestens sechs Stunden bedeutet. Zusatz vom Gatten:»Bitte loss a die Geografiefragen beim Quiz aus.«

Auch beim Kind häufen sich ähnliche Zettel. Vicky aus Karlsruhe, Marie-Sophie aus München, Sophie-Marie aus Essen, Lena aus Graz, Anni aus Leipzig. Wenn wir die alle besuchen, kommen wir bis 2030 nicht mehr aus dem deutschen Sprachraum raus.

Die Girls-Gang hat schon angekündigt, daheim eine Whats-App-Gruppe zu bilden. Da bin ich ein bissi neidisch, dass es das in meiner Kindheit noch nicht gab. Vor allem später in der Jugend. Was gibt es Schöneres und gleichzeitig Dramatischeres als Urlaubslieben! Meine erste hieß Drago aus Osijek, noch im damaligen Jugoslawien. Heiße Küsse in der Nacht am Strand, im Hintergrund coverte eine Tanzkapelle U2-Songs auf Jugoslawisch. Drago und ich schworen uns ewige Liebe. Also mehr symbolisch. Weil Drago konnte ja kein Wort Deutsch und ich nicht Kroatisch.

Später dann beim Schulskikurs brach mir ein Kärntner DJ und Sohn des Diskothekenbesitzers das Herz. Bei zwei Songs der Platte *Kuschelrock 1* gestand er mir seine unendliche Liebe. »My First Love« von Bonnie Bianco und »The Power of Love« von Jennifer Rush. Höhepunkt des Schuldisko-Abends: »When A Man Loves A Woman« von Percy Sledge. Wer da noch niemanden zum Engtanzen hatte, für den wurde es eng.

Später schickte er mir zur Bestätigung seiner Liebe eine selbst aufgenommene Musikkassette nach Hause. Eine 90er! Keine 60er. Damals waren damit nicht die Jahrzehnte gemeint, sondern die Spieldauer. Vorne und hinten bespielt!

Mit der Hand hatte er »Acid« draufgeschrieben. Ich hatte keine Ahnung, was das bedeutet, aber mir war klar, das war ein Meilenstein in der Musikgeschichte, dem ich da beiwohnen durfte. Ein Jahr lang habe ich »Acid« gehört, bis sich das Bandl im Rekorder eingezogen hat und der Zauber vorbei war. Irgendwann wurden dann auch die Briefe aus Kärnten weniger und der Schurke dürfte eine andere Musik aufgelegt haben. Bei mir lief weiterhin *Kuschelrock 1*, nur diesmal Crowded House mit »Don't dream it's over«. Was blieb, ist die Gewissheit, dass ein DJ zwar ein cooles, aber riskantes Manöver darstellt.

Insofern sehe ich dem Wunsch des Gatten, hier als DJ in Residence am deutschen Meer in Thailand aufzutreten, ja durchaus mit gemischten Gefühlen entgegen. Wer weiß, was ich dann für Zettel mit Nummern aus seiner Hosentasche zupfen kann, bevor ich sie waschen darf.

> Gestern Abend hat wieder einer geschrieben: „Willst du ficken?"

> Nicht mal EIN Adverb war dabei? „gerne", „manchmal", „gut", irgend so was??

> Nein. Es ist traurig. Man kann ja wenigstens EINE Frage stellen, die bissi Stil vortäuscht, oder?

> Dann ist Tinder eigentlich für Prostituierte das, was Airbnb für Hotels ist.

> Ja, nur ohne Bewertung.

Treibjagd

Man kann barfuß am Strand laufen, dem Sonnenuntergang entgegen, oder man kann an einer Treibjagd teilnehmen. Als gejagter Hase.

So ein von mir medial angekündigter Halbmarathon läuft sich ja nicht von allein. Wenigstens habe ich kurz vor dem Drucktermin des Magazins noch das Wort »Halb« in mein Interview hineinreklamiert. *Halb*marathon statt Marathon. Macht einen wesentlichen Unterschied von über 21 Kilometern. Doch auch für einen Halbmarathon sollte man vorher zumindest das eine oder andere Mal gelaufen sein. Weiter als bis zur nächsten

Bäckerei. Deswegen nutze ich die Gunst des fast kitschig schönen Sonnenunterganges am Strand und beschließe, laufen zu gehen. Barfuß, weil das bestimmt gut für die Fußsohlen ist. Ein natürliches Peeling auf dem weichen Sand. Und außerdem bin ich zu faul, meine Sportsachen aus dem Zimmer zu holen. Manche Pläne muss man gleich umsetzen, sonst passiert nie was. Und Sport ist bei mir so ein Plan, wo 360 Tage im Jahre nie was passiert. Also muss man an den verbleibenden 5 Tagen, wenn ein kleines Körnchen Motivation aufkeimt, sofort und in der Sekunde aktiv werden! Cocktailglas wegstellen, aufstehen von der heißgeliebten Liege, Tunika drüberwerfen, Sonnenhut auf und los geht's!

Wer sagt denn, dass man nur in Multifunktionskleidung laufen kann? Auch wenn mich alle anderen Strandläufer in Top-Equipment überholen? Deswegen lass ich mir meine Motivation noch lang nicht nehmen! Nur weil die Laufschuhe anhaben, atmungsaktive, aber nicht zu warme Kleidung, Rucksäcke, wo Schläuche mit isotonischen Getränken rauskommen. Wegen dem Elektrolyt- oder sonst irgendeinem Haushalt. Keine Ahnung. Manche tragen sogar spezielle Laufsocken, wo jeder Zeh einzeln verpackt ist – auch spannend, was das wieder soll. Die Sportler hier auf dem Strand haben alles dabei. Ich habe nichts. Wobei nichts auch nicht ganz stimmt. Ich habe ein Cock-tailschirmchen in meinen Strohhut gesteckt und im Zimmer liegt meine insektenabweisende Multifunktionsjacke. Geeignet für Hochlandtemperaturen unter fünf Grad plus. Die werde ich hier weniger brauchen, weil auf dem Strand hat es in der Sonne gefühlte 35 Grad.

Wie ich da so mit meiner Tunika laufe, fühle ich mich wie ein Hippie. Frei, unabhängig! Der Geruch des Meeres. Der Sand unter meinen Füßen. So wird die Uschi Obermaier vielleicht auch gelaufen sein. Heraus aus ihrem Bus. Hinein in die Arme von Keith Richards oder Mick Jagger. Love and Peace! Fuck the Establishment! Oder wenigstens die halben Rolling Stones. Wobei die Hippies vermutlich eher selten aus einem All-inclusive-Urlaubsclub weggelaufen sind.

Nach weiteren fünf Minuten wird mir klar, dass die Sache mit dem Barfußlauf nicht die beste Idee war. Ich kann langsam verstehen, warum die anderen Läufer ihre Zehen hier einzeln verpacken. Denn läuft man nur auf dem Sand, ist es zwar schön weich und kuschelig, aber es brennt dir die Sohlen runter wegen der Hitze. Läuft man wiederum nah am Wasser, ist es zwar angenehm kühlend, aber dafür schlitzt du dir mit den angebrochenen Muscheln alles auf. Also bleibt mir nur die goldene Mitte, und ich hopse wie ein angeschossener Hase zwischen heißem Sand und spitzen Muscheln hin und her. Diese Hüpferei hat zwar sportliche Vorzüge, aber man kommt auch wesentlich schneller ins Schwitzen. Und das Ganze mit einer nicht atmungsaktiven Tunika und einem Strohhut! Ich sehe nicht zwingend wie eine Marathonläuferin beim Training aus. Ich sehe eher aus wie Miss Marple auf LSD. Aber besser so ein Sport als gar kein Sport und … danach die großartige Auswahl beim Nachspeisenbuffet. Außerdem kann man es gut auf Instagram posten: #lovemysportylife oder #sportyholiday.

Irgendwie ist es auch befreiend, so ohne alles zu laufen. Ohne Uhr, ohne Pulsgurt, ohne Schrittzähler, ohne Fitness-App. Nach einer gefühlten Stunde intensiver Bewegung entschließe ich mich zur Umkehr. (Im später erstellten Weg-Zeit-Diagramm stellt sich heraus, dass es nicht eine Stunde, sondern maximal fünfzehn Minuten waren.) Als ich den Weg retour antrete, ist die Sonne schon untergegangen und der Strand beginnt sich sehr schnell zu leeren. Die meisten Urlauber sind jetzt in ihren Hotelzimmern.

Die Vorstände bringen in den Vorgärten ihrer privaten Beach-villen die Geschäfte des Tages zum Abschluss, die Gattinnen föhnen sich die Haare und machen sich ausgehfein. Oder umgekehrt. Die Kinder tun das, was Kinder im Urlaub um diese Zeit tun: Handy spielen oder Tablet schauen. Und genau in dieser lauschigen abendlichen Einsamkeit auf dem Strand bekomme ich auf einmal Gesellschaft. Zwei Hunde laufen frontal auf mich zu. Ein dunkler und ein heller. Ich drehe mich in alle Richtungen, aber weit und breit ist kein dazugehörender Hundehalter in Sicht. Mir wird gleich noch heißer unter meiner Tunika. Der Stoff flattert jetzt nicht mehr, er pickt durchgeschwitzt auf mir drauf. Jetzt muss man dazusagen, dass ich seit einem gewissen Ereignis in meiner Kindheit nicht sehr zutraulich zu Hunden bin. Diese beiden Hunde hingegen erscheinen äußerst zutraulich zu mir und es trennen uns auch nur noch wenige Meter.

Ich erhöhe mein Tempo, aber nicht zu schnell, damit es nicht auffällt. Nicht, dass ich einen Jagdtrieb auslöse! Gleichzeitig versuche ich, von meiner Route unmittelbar am Wasser abzuweichen und näher zur Anlage hinzulaufen, die aber leider erst in rund 500 Metern beginnt. Noch bin ich hier allein mit beiden Hunden, und der Sand ist immer noch brennend heiß. Je mehr ich versuche, die beiden zu ignorieren und vor ihnen wegzulaufen, desto stärker bleiben sie an mir dran. Ich muss an Szenen aus dem Sherlock-Holmes-Film »Der Hund von Baskerville« denken. An englisches Moor, Nebel, Zähne und an Tod durch Hundebiss. Ich schwitze immer stärker. Bald wird einer der Hunde nach dem Zipfel der Tunika schnappen, das sehe ich schon kommen. Hund beige ist bereits gefährlich nah an mir dran. Ich spüre bereits seinen Atem auf meinen Waden und habe nichts, womit ich mich wehren könnte, wenn es zu einem Angriff kommt. Bloß einen Strohhut mit einem Cocktailschirmchen drauf. Der wird mir zur Verteidigung nicht gereichen. Ich könnte den Hut wegwerfen, so wie man ein Stöckchen wegwirft. Ganz weit weg und in die andere Richtung, um mir einen Vorsprung zu verschaffen. Aber ob dann *beide* weglaufen? Ungewiss. Hund schwarz versucht jetzt auf mich draufzuspringen. Wo sind denn die ganzen Menschen? Wieso ist nie einer da, wenn man mal jemanden braucht! Ein Strategiewechsel muss her.

»Ich kann nicht mit euch spielen«, sage ich betont ruhig zu den Hunden. Soweit ich das noch rausbringen kann, viel Luft ist nicht mehr da. »Also könnt ihr auch gerne wieder woanders hinlaufen.« Was natürlich alles Blödsinn ist, denn wieso sollten herrenlose thailändische Strandhunde Deutsch sprechen?

»Please don't äh, don't bite me!« Nicht mal englische Sätze fallen mir ein. Die Angst hat alles gelöscht. Endlich sehe ich weiter vorne Menschen. Sie gehen in Richtung Strandbar. Aber alle sind zu weit weg, um mir bei einem akuten Angriff beizustehen. Ich ändere nochmal die Strategie. Der Strand wird mich nicht retten. Ich muss unter mehr Menschen, direkt in die Clubanlage laufen!

Beide Hunde sind nach wie vor eng an mir dran. Ich wage es nicht, mich umzudrehen, aus Angst, der Augenkontakt könnte sie provozieren oder aggressiv machen. Ist das nicht so bei Stieren? Das wird bei Hunden auch nicht viel anders sein. Inzwischen befinde ich mich auf Höhe der privaten Villen. Hier bin ich noch nie durchgegangen, denn der Bereich ist eigentlich exklusiv für die Villenmieter. Die meisten Häuser haben einen eigenen privaten Pool mit Strandliegen davor. Da müssen die Frauen nicht ihre Männer auf der Liege ablegen, um die Plätze zu reservieren.

Das alles wäre jetzt sehr beeindruckend zu sehen, wenn meine beiden Verfolger nicht dicht an mir dran wären. Wieso ist da niemand? Wo sind die denn alle? Und warum hören die Hunde nicht auf, mich zu verfolgen? Selbst als ich auf Schlangenlinien umschwenke und von einem Vorgarten in den anderen hüpfe, halten sie das Ganze für ein fröhliches Spiel und folgen mir. Langsam bin ich nicht nur am Ende meiner Weisheit, sondern auch am Ende meiner Kondition, und die Orientierung ist inzwischen völlig weg. Ich weiß nicht mehr, ob ich überhaupt in die richtige Richtung laufe oder mich nur im Kreis bewege.

Wenn du denkst, es geht nicht mehr … geht es aber immer noch schlimmer. Hinter einem sehr großen privaten Pool ist Licht in der Villa zu sehen. Ich versuche näher heranzukommen, um hier notfalls Hilfe zu finden. Hund schwarz überholt mich von links, ich versuche rechts auszuweichen und erwische eine feuchte Stelle am Rand des Pools. Dann spüre ich nur noch, wie ich das Gleichgewicht verliere und stürze. Ich gehe sofort unter und vom Grunde des Pools sehe ich, wie etwas auf der Wasseroberfläche schwimmt. Mein Strohhut! Ich bete, dass die Bewohner dieser privaten Villa gerade sehr lange damit beschäftigt sind, ihre Haare zu föhnen. Oder dass sie sehr tolerant sind und offen dafür, dass Miss Marple in ihrem Pool treibt.

In diesem Moment fällt mir eine ähnlich schlimme Poolsituation ein. Es war im Juli 1993. Der Sommer nach der Matura. Und vor der Erfindung von Push-up-Bikinis. Ich war mit Freunden auf Urlaub, hatte zwar die Matura in der Tasche, aber keinen Busen im Körbchen. Aber kreativ war ich! Also habe ich mir rechtzeitig vor der Reise aus dem Schneiderzubehörfachgeschäft Schulterpölster organisiert. Die hatten dort die Restbestände der 80er Jahre im Abverkauf. Man konnte sie sich in Blazer, Blusen oder Pullover einnähen. Oder, und jetzt kommt meine Methode: Man stopft damit den Bikini aus! Großartige Idee, nicht? Ich war sozusagen die Erfinderin des Push-up-BHs! Aber nur inoffiziell, denn das durfte natürlich keiner wissen. Schon gar nicht, wenn man achtzehn ist.

Kurze Zusammenfassung der Tragödie: Kopfsprung in den Pool, ich tauche bis ganz tief nach unten. Wie eine Meerjungfrau gleite ich am Boden des Pools entlang. Das Sonnenlicht spiegelt sich oben im Wasser. Doch: halt! Da ist noch etwas anderes! Zwei weiße, handtellergroße Schulterpölster schwimmen an der Oberfläche. Ich schwöre, hätte es einen anderen Ausgang aus diesem Pool gegeben, ich hätte ihn gewählt.

Offenbar wiederholt sich diese grausame Geschichte jetzt. Nur dass diesmal mein Strohhut obenauf schwimmt. Ich tauche auf und hoffe nur, dass es nicht der private Pool von Sasha ist. Das wäre ein denkbar ungünstiger Start für den Beginn unserer Geschäftsbeziehung.

Doch das Schicksal meint es gut mit mir. Als ich oben bin, sehe ich gerade noch, wie die Hunde wieder zurück zum Strand laufen. Sie haben das Interesse an mir verloren. Die Bewohner der Villa sind zum Glück auch noch nicht aus ihrem Haus gekommen, obwohl da noch immer ein Licht brennt. Ich ziehe mich schnell aus dem Wasser. Nichts wie weg hier! Völlig erledigt erreiche ich unser Hotelzimmer. Der Gatte öffnet mir. Ich stehe waschelnass vor ihm. Selbst vom Strohhut tropft es herunter. »Na brav«, sagt er anerkennend, »das dürftest du wirklich ernst genommen haben mit deinem Training, so wie du schwitzt!«

Ich kann noch nicht darauf antworten.

Sie haben das Kind allein gelassen

Wir sitzen im Transferbus zum Ortszentrum und von meinen Haaren tropft es immer noch nass herunter. Mir blieb nicht mehr genug Zeit, meine Haare zu föhnen, denn der Gatte und das Kind warteten schon aufgeregt, weil wir für drei Plätze im Bus angemeldet sind. Wenn der Gatte wo noch deutscher ist als ich, dann ist es bei der Einhaltung von pünktlichen Abfahrtszeiten. Dass wir immer zehn Minuten vor der Abfahrt beim vereinbarten Treffpunkt sind, gebietet ihm nicht nur die Höflichkeit, sondern nach vierzehn Jahren Ehe weiß ich auch schon, dass es unser aller Nervenkostüm schont. Last Minute ist nicht sein Ding.

Ich bin leider das Kontrastprogramm, mir sagen die meisten Freunde oder Familienmitglieder extra falsche Beginnzeiten von Feierlichkeiten. Beginnt ein Familientreffen zum Beispiel um 15 Uhr, werde ich schon um 14:30 Uhr geladen. Aus Gründen. Jahrelang ging ich sehr südländisch mit der Pünktlichkeit um, aber irgendwann ist es gekippt. Nämlich als das Kind sprechen lernte und einer der ersten Sätze »Mama, sind wir wieder zu spät?« war. Das tat mir sehr leid, dass sich so ein Zwerg schon um die Einhaltung von Pünktlichkeit sorgen muss, nur weil die Mutter so verpeilt ist. Als Mutter willst du natürlich jedes spätere Folgetrauma von deinem Kind fernhalten. Also schwor ich mir, fortan immer und überall pünktlich zu sein. Nie wieder in begonnene Theatervorstellungen zu stolpern, nie wieder vor Nachtapotheken zu stehen, nie wieder den Deppenpreis auf Tankstellen zu zahlen, weil man die Öffnungszeit des Supermarkts verpennt hat.

Seit damals bin ich überall überpünktlich und gerne auch zu früh. Was zur Folge hat, dass Freunde oder Familienmitglieder mir manchmal noch im Pyjama aufmachen, weil ich dann eben nicht nur die halbe Stunde zu früh dort bin, sondern gleich nochmal fünfzehn Minuten dazu.

Der Gatte wundert sich noch immer, was da gestern bei meinem abendlichen Lauf passiert ist. Ich will aber in Anwesenheit des Kindes nicht die Wahrheit erzählen, damit sich meine Angst vor Hunden nicht überträgt. Deswegen verschweige ich den Vorfall und berichte von einem hochanstrengenden Pyramiden-Intervall-Training im sehr hohen Pulsbereich. Zur Abkühlung sei ich noch kurz ins Meer gesprungen. Es gibt so viele Traumen und Neurosen, vor denen man die Kinder beschützen will!

Ob sich unsere Eltern das in den 70er und 80er Jahren auch immer überlegt haben, vor welchen Neurosen sie uns bewahren müssen? Vielleicht ist unsere Generation hier viel zu hysterisch. Irgendwo habe ich gelesen, wir sind nicht mehr die Generation Helikopter-Eltern, sondern der heißeste Trend sind sogenannte Curling-Eltern. Wie bei dem Besen-Sport laufen Curling-Eltern laut Definition vor dem Nachwuchs her und versuchen, ihm alle Unwägbarkeiten des Lebens wegzuwischen. Damit er möglichst problemlos durchgleiten kann. Nur was wartet am Ende der Rutschbahn? Irgendwann muss man lockerlassen und sie allein weiterrutschen lassen.

Neben mir in der letzten Reihe des Transferbusses sitzt auch so eine lockergelassene Prinzessin. Ein junges Mädchen, das offenbar ganz allein unterwegs ist, in das Ortszentrum von Khao Lak zum wöchentlichen Markt. Ganz ohne dazugehörige Erwachsene! Ich finde das sehr mutig von den Eltern, ein so junges Mädchen in einem fremden Land ganz allein mit dem Bus fahren zu lassen. Gut, der Bus ist gefahrentechnisch vielleicht überschaubar, immerhin handelt es sich um einen klimatisierten Minivan vom Hotel mit deutschsprechendem Fahrer. Aber was wird außerhalb des Busses auf das arme, schutzlose Wesen zukommen?

»Du bist ganz allein hier?«, frage ich sie und will schon eine Pflegemutterschaft für die Dauer des Ausfluges anbieten.

»Ja, ich fahre einmal pro Woche ins Zentrum, um ein paar Dinge zu besorgen«, antwortet sie freundlich.

Der Satz beunruhigt mich nicht weniger. Weil erstens: Was heißt *einmal in der Woche*? Wie lang sind die bitte hier im Club auf Urlaub? Wie unfassbar reich muss diese Familie sein? Und zweitens: Was heißt hier *Dinge besorgen*? Ich orte sofort soziale Verwahrlosung, unbetreute Kinder, superreiche Eltern, und was steht am Ende dieser Curlingbahn? Richtig: Drogenkonsum!

»Deine Eltern, fahren die nicht mit? Kennst du dich schon so gut aus?«

»Ja, ich bin schon seit drei Monaten hier, da hat man schon einen guten Überblick.«

Mein Kopf überschlägt die Kosten für drei Monate Clubaufenthalt. Drei Monate! Ich trete mit dem Knie gegen den Sitz vor mir, der Gatte dreht sich um.

»Oh, Entschuldigung!«, sage ich, und tue so, als wäre es unabsichtlich gewesen. Aber er kennt mich gut genug, inzwischen weiß er, dass es das geheime Zeichen für »Hurch zua!« ist. Immer wenn wir Gespräche von anderen belauschen oder uns auf etwas aufmerksam machen wollen, treten wir uns heimlich unterm Tisch und rollen die Augen in die in Frage kommende Richtung.

»Und meine Eltern sind nicht da, die sind daheim in Deutschland.«

Weil ich dann wohl noch besorgter und/oder blöder dreinschaue, klärt sie mich auf, dass sie hier im Club im Animationsteam arbeitet. Ich muss mich zusammenreißen, dass ich nicht laut aufschreie. »Was, du darfst schon arbeiten?!« Meine Tochter ist neun, die Clubmitarbeiterin erscheint mir nur unwesentlich älter. Ich wollte eigentlich davor schon ein Playdate vorschlagen.

Tatsächlich studiert das Kind bereits Hotelmanagement in Deutschland. Man wird immer schlechter im Einschätzen von Altersgruppen, je weiter man sich selbst von dieser Altersgruppe entfernt. Ob jemand 15, 20 oder 25 Jahre alt ist, erscheint mir kaum noch unterscheidbar. Dafür kann ich bereits prima einschätzen, ob jemand 60, 65 oder 70 ist.

Das Mädchen stellt sich mir als Anna vor, und ich nutze die Gelegenheit, mich bei ihr leise und dezent nach den Hunden von Baskerville zu erkundigen. Ob sie den beigen und den schwarzen Hund kenne? Ich erwähne natürlich nichts von dem, was vorgefallen ist. Ja, die Hunde würden quasi fast schon zum Club gehören. Sie seien so lieb und zugänglich wie Therapiehunde und würden sich stundenlang von allen Gästen streicheln lassen und mit den Kindern spielen. Sie seien auch geimpft und kontrolliert, also da bräuchte ich mir wegen meiner Tochter keine Sorgen zu machen. Najo, wegen der Tochter war die Sorge eh nicht, eher wegen mir, aber das verrate ich nicht und stimmte ihr nur zu, dass es wirklich ausnehmend entzückende Tiere sind. Sie würde nächstes Jahr, wenn sie wieder nach Deutschland zurückgeht, am liebsten einen mit nach Hause nehmen, sagt Anna. Und ich bekräftige sofort, dass ich das total verstehe, weil man die ganz schnell ins Herz schließt, wenn sie so süß am Strand neben einem herlaufen. »Am liebsten würde ich auch einen mitnehmen«, höre ich noch jemanden sagen. Mich selber. Der Gatte und das Kind drehen sich jetzt gleichzeitig mit weit aufgerissenen Augen zu mir um. Die vom Kind glänzend vor Vorfreude. Die vom Gatten panisch vor Entsetzen. Das läuft in die falsche Richtung, merke ich, und wechsle das Thema.

»Und wie kommt man hier zu einem Job im Clubteam? Ist das sehr schwer, reinzukommen?«, frage ich.

Das ist natürlich immer spannend, so einen Blick hinter die Kulissen zu erhaschen. Schon allein aus diesem Grund würde ich gerne mal auf einem Kreuzfahrtschiff als Crew Member anheuern. Weil ich so neugierig bin, wie das abläuft. Die zwei Monate Ferialjob im Hotel damals mit sechzehn haben mir auch durchaus spannende Einblicke in das System Hotellerie verschafft. Zuerst war ich nur für das Frühstück zuständig, später durfte ich auch abends servieren. Eines freien Tages bat mich das Zimmermädchen, mit der ich mir das Angestelltenzimmer teilte, ihr Tabletten aus der Apotheke mitzubringen. Ganz normale Schmerztabletten seien das, betonte sie, und ich war naiv und brachte sie ihr. Eine Woche später durfte ich zwischen Frühstück und Abendessen auch ihre Schicht beim Zimmerputzen übernehmen. Weil irgendwas mit diesen Tabletten aus dem Ruder gelaufen war. Genaueres weiß ich nicht. Eines Tages war sie weg und tauchte nie wieder auf.

Anna erzählt gerade, dass sie letzten Sommer mit ihren Eltern selbst als Gast hier war, und weil es ihr so gut gefallen hat, ging sie zum Hotelmanager und fragte ihn, ob sie nicht auch hier arbeiten könne.

»Schau«, sag ich zu meinem Kind, »vielleicht magst du das ja auch mal machen in fünfzehn Jahren!« Ich rechne blitzschnell aus, dass ich dann schon meinen Sechziger feiere und bei guter Führung vielleicht in den vorzeitigen Ruhestand entlassen werde. »Du arbeitest dann hier im Hotel, und die Mama und der Papa kommen gleich mit.«

Anna muss lachen. Ich glaub, ich weiß, warum. Die Vorstellung, den ersten Auslandsjob in seinem Leben gemeinsam mit den frühzeitig pensionierten Eltern anzutreten, ist … ja was eigentlich … ok, einfach nur lächerlich. Aber der Gatte findet die Idee genauso toll wie ich.

»Ja, super, und ich werde dann Sun-Downer-DJ bei der Strandbar«, sagt er, und ich sehe es ihm an, dass er ebenfalls schon die Möglichkeit in Erwägung zieht, ein Vorstellungsgespräch mit dem Hotelmanager zu führen.

»Oder du leitest das JeKaMi-Quiz«, schlage ich ihm vor. »Es heißt ja schließlich, *jeder* kann mitmachen. Die Frage ist nur, was *ich* machen könnte? Den offenen Bücherschrank betreuen? Schreibgruppen anbieten? Zimmer putzen?«

»Mama! Du könntest die Hundestation betreuen!«, ruft das Kind verzückt aus. Dabei dreht sie sich zu mir nach hinten um und zwinkert mit einem Auge. Ja, manchmal ist man schneller durchschaut, als man glaubt …

Verliebt in den Fußballer

»Stell dir vor, da ist einer im Hotel, der schaut aus wie der Bernd«, sagt der Gatte, als er mit einem vollen Teller Currywurst vom Buffet retour kommt. Wenigstens Curry.

Am nächsten Tag beim Frühstück kommt er völlig aufgelöst vom Buffet zurück, diesmal einen Teller Pfannkuchen in der Hand. »Stell dir vor, der Bernd ist ein berühmter Kicker!«

»Das wäre mir neu«, sag ich. »Der Bernd ist Bäcker und DJ, aber kein Fußballer.«

Beim Wort *DJ* zuckt er zusammen. »Nein, ich meine den Typen hier im Club, der so *aussieht* wie der Bernd! Er ist es wirklich!«

»Wer? Der Bernd?«

»Nein! Der berühmte Fußballer!«

Es folgt eine lange Aufzählung von Vereinen und großartigen fußballerischen Leistungen, der ich zugegeben nicht mehr richtig folgen kann. Bayern München, EM 1996, BVB, England, Mega-Transfer, Defensivspieler. Irgendwann steige ich aus und starre stumm auf den Pfannkuchen.

»Na dann frag ihn, ob er ein Selfie mit dir macht«, sage ich.

»Nein, nein, das ist mehr dein Metier!«

Metier … der Gatte erstaunt mich auch nach so langer Zeit immer wieder. Diesmal mit frankophiler Ausdrucksweise. Unterschätze nie den Gemeindebau, sag ich immer!

Später dann, als er neben mir am Strand liegt und angestrengt in die Sonne blinzelt, sagt er: »Wenn, dann tät ich es eh nur für den Olli machen. Weil der Olli is der ur Fan!«

In den folgenden Tagen sieht man sich natürlich in so einer Hotelanlage immer wieder. Da bekommt man schon einen groben Überblick, wer sonst noch da auf Urlaub ist. Bei wem es beziehungsmäßig gut läuft, bei wem weniger. In der Beziehung zwischen dem Gatten und unserem Fußballstar läuft es sehr gut, aber halt einseitig. Immer wenn sich seine und unsere Wege kreuzen, schaut er ganz verliebt in die Fußballerrichtung. Und jedes Mal, wenn ich sage: »Jetzt frag halt, bitte!«, dann sagt er: »Nein, er isst grad, da stört man nicht«, oder: »Nein, er holt sich grad was zu essen, da stört man nicht«, oder: »Nein, er redet grad mit seiner Familie, da stört man nicht.« Nachsatz immer: »Sicher, der Olli tät si sehr gfrein …«

Heute beim Frühstück im Hotel stelle ich mich bei der Kaffeemaschine an. Und da auf einmal, ich dreh mich grad mit dem fertigen Kaffee in der Hand um, laufe fast auf jemanden auf und siehe da, wer ist es: er! Der Fußballstar! Ich renne raus, hole den Gatten.

Jetzt oder nie!

»Und, was hast g'sagt?«, frag ich den Gatten, als er zurückkommt.

»Na was man halt so sagt, wenn man sich vorstellt.«

»Und das wäre?«

»Schönen guten Morgen ... Dürfte ich Sie vielleicht um ein Selfie bitten?«

> Nächste Woche treff ich einen Personal-Fitnesstrainer. Was ich trainieren werde, lässt sich nur erahnen. Hauptsache fit.

> Klingt vielversprechend. Wie heißt er?

> Keine Ahnung. Ich bin schon zu faul, mir die Namen zu merken. Hab ihn unter „Fitti" abgespeichert.

Aqua-Gym mit Austauschfrauen

Der Gatte will schon wieder Aqua-Gym machen. Ich habe das üppige Frühstück noch kaum verdaut, mir wäre eher nach einem kleinen Vormittagsschläfchen auf der Liege. Immerhin liegt mein Handtuch schon dort und wartet auf mich. Zu lang darf man sich da nicht mit Abwesenheit spielen, sonst kann man es wieder beim Beachboy abholen und sich im Sand einen neuen Liegeplatz ausgraben. Aber der Gatte ist top motiviert. Mir wird das zu anstrengend, und langsam überdenke ich die Entscheidung für den jüngeren Mann. Die schöne blonde Austauschfrau, die vorher beim Frühstück neben mir gesessen ist, muss sicher nicht im Pool ihrem Vorstandsdirektor hinterherhüpfen. Die Austauschfrauen genießen immer die Privilegien, die wir, die erste Charge, nicht haben. Wir müssen uns noch mehr anstrengen, um nicht ausgewechselt zu werden.

Der schönen blonden Austauschfrau liegen aber auch nicht zwei Schokopalatschinken im Magen. Außerdem habe ich mich gerade erst durch das köstliche Sortiment an deutschen Broten durchgearbeitet. Roggenbrot, Sauerteigbrot, Dinkelbrot, Weizenvollkornbrot, Oliven-Ciabatta, da blieb kein Wunsch offen, großartig! Sie hingegen genoss nur eine Karotte und stilles Wasser, ich habe das genau beobachtet. Dafür hat sie natürlich auch keinen Blähbauch, so wie ich nach dem Brot-Exzess. Wobei das beim Aqua-Gym vielleicht auch zum Vorteil gereichen würde, weil ich könnte auf jeden Fall nicht so leicht untergehen. Kein Nachteil ohne Vorteil.

Außerdem frage ich mich, wie man bei 37 Grad und einer Luftfeuchtigkeit wie im Dampfbad so perfekt geschminkt sein – und vor allem *bleiben* kann?! Ist die komplette Schminke salzwasserbeständig oder kommt da am Ende ein Fixierlack drüber? Notiz an mich selbst, morgen auch mit dramatischen Smokey Eyes zum Frühstück erscheinen. Man muss immer neue Impulse setzen, besonders in einer langjährigen Ehe!

»Aqua-Gym!!!«, höre ich die Animateurin laut vom Pool rufen, und ich muss an den wunderbaren Michael Schottenberg denken. Der berühmte österreichische Schauspieler und ehemalige Theaterdirektor war Stargast bei meiner ersten Lesebühne zum Mitsingen. Ich habe das großartige Konzept der deutschen Lesebühnen in abgewandelter Form nach Wien importiert. Als

Lesebühne zum Mitsingen. Das Konzept ist ganz einfach, ich lese kurze Geschichten, ein Stargast liest kurze Geschichten, und dazwischen singen wir alle gemeinsam mit dem Musiker Clemens Schaller. Das Publikum, die Stargäste – Massenkaraoke für alle. Das Ganze findet im ältesten noch bespielten Kino der Welt, den Breitenseer Lichtspielen in Wien, statt. Michael Schottenberg ist nicht nur Schauspieler, sondern auch Reisebuchautor, und hat an diesem Abend spannende und unterhaltsame Geschichten über seine Abenteuer in exotischen Ländern erzählt. Aus Vietnam, Burma oder von einer Schifffahrt auf einem Frachtschiff. Wie er hohem Wellengang ausgesetzt war oder mit einem klapprigen Moped durch den Höllenverkehr von Vietnam gebraust ist. Ich habe vom Aqua-Gym in einem Hotel erzählt. Jeder hat andere Abenteuer. Bereits als ich den Titel meines Texts über Aqua-Gym ankündigte, hat mich Michael Schottenberg gefragt, was das sei.

Ich: »Aerobic im Wasser!«

Verwunderter Blick. Er: »Im Wasserbett?«

Ich: »Nein, im Pool!«

Der verwunderte Schottenberg-Blick steigert sich.

Er: »Sie meinen, öffentlich?«

Ich: »Ja klar, gemeinsam mit anderen.«

Er: »Andere machen da auch mit?«

Ich: »Ja, und ein Trainer natürlich auch.«

Er: »Sie machen Erotik mit anderen Menschen in einem öffentlichen Schwimmbad mit Trainer?«

Ich: »*Aeeerobic*! Nicht *Eeeerotik*!«

»Schaaaaatz, es geht loooooos!«, ruft eine mir sehr bekannte Stimme und reißt mich damit aus meinen Erinnerungen an diesen großartigen Premierenabend. Na gut, ich beteilige mich lieber, wenn schon nicht geschminkt, dann wenigstens als Supporting-Act beim Aqua-Gym. Sonst liegt beim nächsten

Urlaub auch eine Austauschfrau auf meiner Liege neben ihm und macht öffentlich Erotik im Wasser …

Drama im Familienhotel

Mir fällt auf, dass immer, wenn wir wo auf Urlaub sind, irgendwann auch die Polizei einen Auftritt hat. Gerade eben geht nämlich eine Polizeiabordnung hier am Strand entlang. Patrouillieren die schon die Liegenreservierer? Genaueres kann ich nicht erkennen, da bin ich leider zu weit weg. Und entgegen meiner sonstigen Natur will ich mich lieber nicht nähern. So weit weg von daheim und fernab vom österreichischen Justizsystem möchte ich mich lieber in nichts einmischen. Letzten Sommer haben wir uns schon mal wo eingemischt, das hat mir für die nächsten zehn Jahre an Aufregung gereicht.

Wir waren in einem steirischen Familienhotel. Wie der Name schon sagt: Familien! Alles easy und entspannt. Das Aufregendste, was da so passiert, ist dass einem Vater das Babytragetuch verrutscht. In diesem Fall einem sehr freundlichen Leinenhosen-mit-Schlapfen-Papa beim Frühstücksbuffet. Das Buffet war jetzt kein UNESCO-Weltkulturerbe, aber für ein Familienhotel gut ausgestattet. Brot, Marmelade, Cornflakes, Babybrei. Das Wichtigste war da. Ich wollte dem Vater eh helfen, aber in der Sekunde kam schon eine Frau um die Ecke geschossen. Vielleicht war es seine Frau, oder die Tragetuchberaterin, ich kann es nicht sagen. Ich tat auf jeden Fall schnell so, als würde ich beim Zwieback noch was suchen, nicht dass es so aussieht, als würde ich beim Buffet fremden Männern auflauern.

Das war aber nicht das eigentliche Drama. Das kam erst abends, als wir uns zum gemütlichen Familienfernsehen (Lara Croft) hinlegen wollen, im vier Quadratmeter großen Doppelzimmer mit Beistellbett. Auf einmal störte uns sehr lautes Telefonieren und grauslicher Zigarrengeruch vom Nachbarbalkon. Der Balkonnachbar war so laut, dass wir jedes Wort verstanden. Er musste irgendein Problem mit dem Computer mit irgendwem am anderen Ende der Leitung besprechen. Während Angelina Jolie sich durch die Gegend kämpfte, bekamen wir alle E-Mail-Adressen und Passwörter vom Nachbarn frei Haus geliefert. Datenschutz olé! Nur leider kriegten wir vor lauter technischen Nachbarproblemen nicht einmal mehr mit, wenn die Angelina Jolie einen Schuss abgefeuert hat. Ich mein, so geht das auch nicht! Rücksichtnahme auf die Gemeinschaft ist die oberste internationale Regel in Familienhotels, oder?

Von Angelina inspiriert, nahm die Mutti dann die Angelegenheit selbst in die Hand. Fight for your right! Also kletterte ich über das Doppelbett und klappte das beigestellte Bett hoch, um die Balkontür öffnen zu können. Dann beugte ich mich fest entschlossen über das Balkongeländer, um von Frau zu Mann ein klärendes Gespräch zu führen.

»Entschuldigen Sie, es ist gleich 23 Uhr, könnten Sie vielleicht eventuell … äh, bitte, so freundlich sein … und etwas leiser …«

Nur dass das dem Herrn voll wurscht war, was Susie Croft zu vermelden hatte. Nicht mal als ich lauter und schriller wurde, hat er reagiert. Also tut eine Superheldin, was Superheldinnen so tun: Sie holen ihren Mann zu Hilfe. Und danach gleich die Security. Noch auf dem Weg zur Rezeption habe ich den Gatten eifrig *diskutieren* gehört. »Wir wissen jetzt alle deine Passwörter!«

Das ist offenbar die schlimmste Drohung von einem IT-ler.

Als ich mit der Security zum Zimmer zurückgekommen bin,

war es plötzlich ganz still. Zum Glück, weil die Security hätte die Lage vermutlich eh nicht klären können. Die war nämlich circa 1,50 m groß, blond und maximal 20 Jahre alt. Und eigentlich Rezeptionistin.

Wie er die Ruhe so schnell hergestellt habe, wollte ich vom Gatten wissen.

»Gar nix hab ich gemacht. Ich hab ihn einfach nur schweigend zu Tode gestarrt. Kopf über die Balkontrennwand rüber und einfach nur schauen. So lang, bis ihm das offenbar unheimlich geworden ist.«

Na bitte schön! Die neuen Superhelden drohen mit Passwörtern und starren ihre Feinde in die Flucht …

Zum Glück sind hier in unserem thai-deutschen Paradies alle friedlich und chillig. Kein lautes Wort ist zu hören. Wenn, dann maximal von der Disko. Wenn wir alle gemeinsam zu den Songs von Udo Jürgens (»Ich wünsch dir Liebe ohne Leiden«) singen. Es gibt nichts, was die Menschen mehr vereint als die Musik.

Die Sache mit der Strandpatrouille klärt sich dann auch recht schnell auf. Ich bin ja doch ein bissi neugierig und folge den Polizisten, die schließlich in Richtung Strandbar abbiegen. Als ich mich unauffällig anschleiche, sehe ich sie mitten in der Bar stehen, und daneben springt einer auf und schreit laut: »Bommel!«

Die Quiz-Animateure sind heute als Polizisten verkleidet …

Louis-Vuitton-Badetaschen

»Mama, warum haben *wir* nicht so eine Badetasche bekommen?«
»Schatz, das sind keine Hotelbadetaschen. Das sind die Handtaschen der anderen Muttis hier in der Anlage.«

Wir liegen am Strand unseres superschönen Clubs, und es herrscht hier tatsächlich so eine hohe Dichte an Louis-Vuitton-Taschen, dass man meinen könnte, es wären die Hotelbadetaschen.

»Wieso hast *du* nicht so eine Tasche, Mama?«
»Weil die viel zu teuer sind«, antworte ich, »und außerdem mag ich Braun nicht so gern.«

Jetzt mischt sich auch der Labelexperte der Familie in die Diskussion ein. »Die sind sicher alle gefälscht«, sagt der Gatte. »Haben die sicher vom Markt.«

»Wo ist da ein Markt?«, frage ich, weil bisher habe ich nur einen einsamen alten Mann am Strand unten sitzen gesehen, der Tunikas mit Häkelspitzenaufsätzen verkauft.

»Irgendwo gibt es sicher einen Markt. Wo Urlaub ist, ist immer ein Markt zum Flanieren«, sagt unser Reiseexperte jetzt.

Wenn man der Gattenfamilie eine Kernkompetenz wirklich nicht absprechen kann, dann ist es jene für Urlaubsmärkte. Die Hälfte des Gemeindebauwohnungsinterieurs stammte von Urlaubsmärkten. Das war das einzige Mal im Jahr, wo man das schwer zusammengesparte Geld auch mal für etwas ausgeben durfte. Das schönste Familienerbstück aus diesem Sortiment steht gerade einsam und alleine zuhause, während wir hier tausende Kilometer entfernt am Strand liegen. Eine original italienische Muschelkrippe. Jedes Jahr am 23. Dezember, wenn der Baum fertig aufgeputzt ist, holen wir den alten Karton aus dem Schrank und heben sie ganz vorsichtig heraus. Zum Schutz ist sie in Zeitungspapier eingewickelt. *Corriere della Sera*, 4. August 1977. Und jedes Jahr erzählt der Gatte die Familienlegende dazu: »Das war das Hochzeitstagsgeschenk von meinem Papa an die Mama. Wir waren in Jesolo, ich war ein Jahr alt.«

»Wieso schenkt man sich zum Hochzeitstag bei 35 Grad mitten im August eine Muschelkrippe mit Josef, Maria, dem Jesukind und allem, was dazugehört?«, wollte ich wissen, als ich die Krippe das erste Mal sah.

»Ja, der wird vergessen haben, ein Geschenk zu besorgen. Und die Standeln in Jesolo haben eh ganzjährig alles zu bieten.«

Romantik war in der Familie scheinbar großgeschrieben. Ich erinnere mich an die italienische Gondel, die in meiner Kindheit bei uns daheim auf dem Fernseher stand. Mit kleinen, bunten, elektrischen Lichtern zum Einschalten. Das waren noch Urlaubsmitbringsel! Gut, es gab auch Kulis, die man seitlich schwenken konnte, dann fuhr eine Gondel nach links. Oder eine Frau war auf einmal nackt. Eigentlich schade, dass sich das mit den Urlaubssouvenirs ziemlich aufgehört hat. Weil es eh überall dasselbe gibt. Außer die Chinesen, die halten diese Tradition noch hoch. Gleich nach dem Schloss Schönbrunn ist ein Outlet-Center außerhalb Wiens die am zweitstärksten besuchte touristische Attraktion chinesischer Besucher in Österreich. Vor Kurzem lief eine Doku zu diesem Thema im Fernsehen, in der eine chinesische Dame erzählt hat, dass es in ihrer Kultur unbedingt dazugehört, Souvenirs von Reisen mitzubringen. Deswegen werden von dem knappen Reisezeitkontingent (»Europa in 8 Tagen«) gerne ein bis sogar zwei Tage abgezweigt, um eine Stunde aus Wien hinauszufahren und dort Waren bei internationalen Anbietern zu kaufen, die es sonst auch auf der ganzen Welt gibt. Und die ohnehin zu 90 % in China gefertigt werden.

Während ich da so in Thailand liege und von den Chinesen in Wien träume, fällt mir schlagartig eines ein: Ich habe unsere eigene Badetasche daheim vergessen! Die steht immer noch neben der italienischen Muschelkrippe. Oft gibt es ja in Wellnesshotels bereitgestellte Badetaschen, die man für die Dauer des Aufenthaltes nutzen kann. Ich nehme die dann immer sicherheitshalber nach Hause mit, wasche sie und bringe sie beim nächsten Mal zurück. Ok, Scherz. Auf jeden Fall gibt es hier im Paradies keine Hotelbadetaschen, also nötige ich die Familie, mit mir am späten Nachmittag auf den Markt zu fahren. Die nette Dame von der Rezeption erklärt uns, dass der ganz in der Nähe ist und zufällig heute Markttag sei. Großartig! Außerdem ist das wieder ein Stückchen echter thailändischer Kultur, die wir dem Kind für den weiteren Lebensweg mitgeben können. Vielleicht gibt es auch die original thailändische Suppe, für die wir so gut trainiert haben!

Der Taxifahrer lässt uns direkt beim Markt aussteigen. Wir sind gleich mitten drin im Geschehen. Genauso habe ich mir einen echten thailändischen Markt vorgestellt. Es ist bunt, schrill, laut, voll. Es riecht, es ist eng, es sind tausend Menschen überall. Deswegen schlage ich gleich mal vor, eine innerfamiliäre Sicherheitskette zu bilden. Einer muss immer einen anderen an der Hand nehmen. Mein Sicherheitskonzept erweist sich schon nach dem ersten Marktstand als unbrauchbar. Weil um die wahren Schätze zu begutachten, muss man tief in das Innerste vordringen. Sich durch enge Gänge aus Badeanzügen und Kleidern quetschen, um auch wirklich alles zu sehen. Dem Gatten wird das gleich zu viel. Er wartet lieber vor jedem Marktstand draußen. Wie so ein abgestellter Security-Mitarbeiter steht er da, breitbeinig, mit dem Rücken zum Geschäft, den Angreifer im Auge, falls sich diesbezüglich etwas tun sollte. Das Kind und ich, wir sind im Paradies. Bunte, kitschige Waren, so weit das Auge reicht. Ketten,

Ohrringe, Armbänder, Räucherstäbchen, Handtaschen, Strandkleider, Elefanten aus Holz. Alles, was das Herz begehrt! Der Markt ist so groß, man sieht nicht mal das Ende der Stände. Wir betreten jeden einzelnen davon, obwohl sich bereits der zweite nicht mehr wesentlich vom ersten unterscheidet. Buntes Plastik, so weit mein erfreutes Auge erspähen kann. Mein Highlight ist eine rote Ferrari-Klobrille. Aber wie kriegt man die in den Koffer? Ich kann unmöglich mit einer Ferrari-Klobrille im Handgepäck reisen. Schade eigentlich.

Beim Stand für Freundschaftsbänder stellen wir den Gatten kurz ab. Dort kann man sich innerhalb von nur fünfzehn Minuten ein Band mit seinem Namen flechten lassen. Der junge Thai flicht flugs aus hauchdünnen Fäden ein Armband, und wie von Zauberhand entstehen dabei Buchstaben. Gleich daneben brummt thailändischer Techno aus den fetten Boxen der Mojito-Bar, wo sie Mojitos um einen Euro ausschenken. Selbstlos wie der Gatte ist, bietet er an, die Wartezeit auf das Freundschaftsarmband für uns zu übernehmen. Wir ziehen weiter, der Gatte stellt sich bei der Bar an. »Kaufts aber bitte keine Fälschungen!«, ruft er uns noch nach. »Das ist heikel beim Zoll!«

Meine Antwort kann ich mir sparen, weil bei den dreitausend Dezibel aus den Boxen hört der kein Wort, außerdem hat er offenbar gerade Anschluss gefunden, weil er sich mit einem Herrn im Ruderleiberl zu unterhalten beginnt. Bezüglich Fälschungen hat er immer noch ein Trauma, wie es scheint. Als jüngstes von vier Kindern musste er immer die Sachen von den Älteren »auftragen«, wie das so schön geheißen hat. Besonders beliebt waren die Urlaubssouvenirs, die sich seine jugendlichen Geschwister bei italienischen Flaniermeilen im Urlaub aussuchen durften. Ein neongelbes BOSS-T-Shirt von seinem Bruder zum Beispiel. Das wäre in Wien niemals erschwinglich gewesen. In Wien hat man die Familie vor allem mit warmer, funktioneller Kleidung aus dem Secondhandshop der Caritas durch den Winter gebracht. Aber einmal im Jahr durfte sich jeder etwas Besonderes auf einem Marktstand aussuchen. Das Marken-T-Shirt war auch sehr erschwinglich, und weil die Italiener nicht nur ein lustiges, sondern auch ein geschäftstüchtiges Volk sind, haben sie statt BOSS einfach ROSS draufgeschrieben. Im gleichen Schriftzug. Wenn du schnell hingeschaut hast, ist das keinem aufgefallen.

So ist die Gattenfamilie also jedes Jahr mit edler Markenkleidung aus dem Sommerurlaub wieder retour in den Gemeindebau eingezogen. Für den Gatten waren diese Leihgaben oder Erbstücke der älteren Geschwister natürlich eine willkommene Abwechslung zu den Nicki-Pullovern der Caritas in Altrosa. Weil so was findet kein Kind cool. Aber ein Coca-Cola-T-Shirt, wo die Ärmel bis zum Hosenbund hinunter ausgeschnitten sind, fanden damals alle cool.

So kam es, dass der Gatte einmal mit dem geborgten Coca-Cola-T-Shirt seiner Schwester in der Schule war. Aber nicht lang, denn die Frau Lehrerin und auch der Herr Direktor haben ihn schnell wieder heimgeschickt. Erstens war es eiskalter November, und da ist ein weit ausgeschnittenes Leiberl in der Volksschule nicht unbedingt funktional. Zweitens konnten der Gatte und die anderen Kinder noch nicht so gut lesen, die Frau Lehrerin aber sehr wohl. Und der ist nicht entgangen, dass auf dem Leiberl »Coca-ine« statt »Coca-Cola« stand. Am nächsten Tag war er wieder zurück im altrosa Nicki-Sweater.

Wir ziehen los in das gefährliche Fälschungsparadies. Geldbörse und Handy habe ich sicher im Bauchtascherl verwahrt, das Kind eng an mich gedrückt.

»Wir trinken nichts«, verkünde ich gleich mal prophylaktisch, »wir wollen nicht aufs Klo gehen müssen«, lege ich nach. Wann bin ich eigentlich so uncool geworden?«Jede darf sich *ein* Stück aussuchen«, gebe ich nun das Shopping-Kommando aus und schlage den Weg zu dem Standl ein, wo es am buntesten blitzt und blinkt. Außerdem brauche ich eh ein weißes Kleid für die Silvesterparty, und weil jede Frau immer irgendwas gerade dringend braucht.

»White dress?«, frage ich in rudimentärem Englisch die freundliche Verkäuferin.

Warum eigentlich nicht in einem ganzen Satz? Na gut, jetzt ist es zu spät. Sie präsentiert mir stolz die schönsten Stücke. Die meisten davon sind mit Netz-Elementen und Fransen. Die sehen bestimmt sehr schön aus, wenn man schon etwas von der Sonne geküsst wurde. Oder wenn man auf einem Tresen in einer Bar tanzt. Beides trifft in naher Zukunft nicht auf mich zu. Ich bräuchte etwas Knie-Umspielendes. Gerne auch knöchellang. Aber was bitte heißt knie-umspielend auf Englisch? Mir fällt nicht mal das Wort für »Knie« ein. In Gedanken singe ich schnell das Kinderlied »Head, shoulders, knees, and toes« durch.

»Do you also have something over the knees?« Ich deute hinunter Richtung Boden.

»Oh yes« – sie strahlt mich an und huscht um die Ecke. Kurz danach ist sie mit Overkneestiefeln in römischer Schnüroptik zurück. Also eigentlich sind es Sandalen mit ungefähr 3 Meter langen Bändern dran, die man sich sexy um die Schenkel schnüren könnte. In meinem Fall würde sich das locker bis zum Hals ausgehen. Ich lasse das lieber mit dem Kleid.

»Thank you, I will come back later.«

Wir schauen wieder beim Gatten vorbei. Er hat sich inzwischen schon ein bisserl eingelebt. Sitzt jetzt auf einem der knallorangen Plastiksessel direkt bei der Mojito-Bar. Vor ihm liegen die fertigen Freundschaftsbänder. Neben ihm sein neuer Freund von der Warteschlange, plus Frau. Der Hautfarbe nach zu urteilen, dürften die zwei schon etwas länger hier in Thailand sein. So weit wie das Ruderleiberl von dem Herrn ausgeschnitten ist, kann man gut erkennen, dass da schon ziemlich viel ziemlich braun ist. Der Gatte stellt mir seine neuen Freunde vor. Fredi und Gerli aus Wien-Simmering! Fredi hebt freundlich sein Mojito-Glas, um mir zuzuprosten. Dabei habe ich gar nichts zu trinken in der Hand. Ich hebe meine linke Hand und winke. Während es passiert, kommt es mir selber lächerlich vor, aber da ist die Hand schon oben.

»Stell dir vor«, erzählt mir der Gatte begeistert, »der Fredi hat auf der gleichen Inspektion in Simmering gearbeitet wie der Woifal!«

»Die Welt ist so klein!«, ruft jetzt die Gerli aus und hebt ebenfalls ihr Mojito-Glas zum Anprosten.

Die Frau Gerli dürfte eine Spur älter als der Fredi sein, ich schätze, so sechzig. Ihre Haare sind ganz hellblond gefärbt, der Wiener sagt »gachblond« dazu, und zu spektakulären Rastazöpfen geflochten. Auf jedem Zopferl baumelt ihr am Ende eine bunte Perle auf die Schultern. Sodass mich die Gerli-Frisur auch ein bisserl an diese Perlenvorhänge erinnert, die in den 80ern so modern waren.

»Owa genau genommen bin i nimma auf der Inspektion«, sagt der Fredi zum Gatten. »I bin in der Frühpensi! Jetzt lassen wir es uns hier gut gehen, gö Gerli?«

Er prackt der Gerli dabei anerkennend auf die Oberschenkel, die in einer kurzen Short stecken. Fransenshort, Westernstyle. Irgendwie dürfte ich das Trendthema des Jahres verpasst haben. Fransen! Wann sind die wieder zurückgekommen? Oder waren die nie weg?

»Schau, wollts kosten? Schmeckt gut!«, reißt mich der Gatte aus meinen modischen Gedanken und hält mir einen Pappteller mit gegrillten Insekten hin.

122

»Um Gottes willen«, kreische ich, »was ist das?«

»Super, Mama, das ist wie im Dschungelcamp!«, ermutigt mich das Kind.

»Nein, danke, lieber nicht. Ich such uns dann lieber später wo eine Streetfood Kitchen, wo es diese Bananenpalatschinken gibt.« Der Fredi und die Gerli schauen sich kurz verstört an, prosten sich dann aber gleich wieder zu. Habe ich jetzt tatsächlich Streetfood Kitchen gesagt? Ich klinge schon wie so ein gentrifizierter Hipster, das muss sich ändern. Ich muss cooler werden. Ich nehme dem Gatten eine gegrillte Made oder was auch immer da gegrillt wurde vom Teller und stecke sie mir in den Mund. »Tschüss, bis gleich, wir schauen wieder weiter«, sag ich und geh mit dem Kind zum nächsten Marktstand. Inzwischen habe ich auf den Panzer gebissen und es gruselt mich. Cooler werden! Zwei Meter weiter spucke ich den Inhalt heimlich in ein Taschentuch.

Nach einer weiteren Shoppingrunde kehren wir mit einem Kinderstrandkleid, einem Traumfänger und zwei original thailändischen handgeschnitzten Seifen zurück. Badetasche haben wir keine gefunden. Aber dafür der Gatte neue Freunde. Er schreibt grad irgendwas gemeinsam mit dem Fredi auf einen Zettel. Wer weiß, vielleicht lassen die sich schon gegenseitig Freundschaftsbänder knüpfen? Der Wiener hat gemeinhin ein großes und offenes Herz. Kurz vorm Ausgang finden wir noch einen Stand mit den berühmten Bananenpalatschinken. Wir schauen zu, wie sie auf der Platte vor uns zubereitet werden. Wie der Teig über die heiße Platte gegossen wird, wie es zischt und dampft. Wie er hauchdünn gewendet und wie blitzschnell eine frische Banane hineingeschnitten wird, dann alles zugeklappt, der hauchdünne Teig wieder über die Banane drüber und dazu noch aus einer Dose Kondensmilch. Dann wird die Palatschinke in kleine Teile geschnitten und uns mit Zahnstochern garniert überreicht. Es schmeckt göttlich! Die besten Palatschinken meines Lebens! Ich bin im Glück.

»Was hast denn mit dem Fredi aufgeschrieben?«, frag ich beim Rausgehen.

»Nur wie das Appartement heißt, in dem die beiden wohnen. Das soll sehr günstig sein, die wohnen da den ganzen Winter.«

Und auf einmal sehe ich meine Zukunft vor mir … der Gatte, die Mojito-Bar, gegrillte Insekten, wir beide mit geflochtenen Zöpfen auf viel sichtbarer Kopfhaut, das *Coca-ine*-Ruderleiberl und eine gefälschte Badetasche von Louis Vuitton. Aber vorerst noch geht's zurück unter unsere deutschen Palmen …

> Ein 2,05 Meter großer Typ will mich im Auto daten! Ich mein, geht's noch?

> Es ist Jänner! Was macht man da im Auto? Eis kratzen?

Wohlerzogene Kinder

Gerade plansche ich mit dem Kind so im Pool und wir treiben langsam auf eine Gruppe deutschsprachiger Jungs zu, ich schätze so zwischen 12 und 13 Jahren. Das Kind spitzt gleich neugierig die Ohren, was die da wohl reden.

Die Buben schauen sehr wohlerzogen aus, Haare brav gescheitelt. Ich mutmaße, dass sie im nicht bademäßig angezogenen

Zustand weiße Stoffhosen und dunkelblaue Poloshirts oder Hemden tragen. Der Papa in der Vorstandsetage. Die Mama im Café am Rande der Welt. Sie unterhalten sich altersgemäß über Computerspiele, Spielkonsolen und YouTube-Stars.

Beim Thema YouTube-Stars muss ich an das Kindertheater denken, wo wir letzten Sommer waren. Peter Pan wurde gespielt, und in der Pause fragte Captain Hook die Kinder im Publikum nach ihren Berufswünschen. »So, liebe Kinder, jetzt bin ich mal neugierig, was ihr später einmal werden wollt!« Stille. »Wer von euch will denn später einmal Feuerwehrmann werden?« Beim Wort Feuerwehrmann hat er einen Löscheinsatz imitiert und mit dem imaginären Löschschlauch ins Publikum gespritzt. Bin mir nicht sicher, ob mein Kinder-Ich hier geantwortet hätte. Das war irgendwie bedrohlich. Stille. Niemand wollte einmal Feuerwehrmann werden. Captain Hook fragte neugierig weiter: »Wer von euch will denn einmal zur Polizei gehen?« Dazu kreuzte er die Hände hinter dem Rücken, so als ob ihm Handschellen angelegt würden. Ein paar Muttis wurden schon aufmerksamer. Keine Reaktion bei den Kindern. Das wird ein Rekrutierungsthema für unsere Exekutive werden, habe ich mir gedacht. »Ja wollt ihr denn vielleicht alle einmal Schauspieler werden??«, schnappte jetzt das Krokodil dazwischen, das einstweilen auch die Bühne betreten hatte. In der ersten Reihe ging eine kleine Hand nach oben. Es war aber nicht zweifelsfrei zu erkennen, ob sie nicht auch von der dazugehörenden Mutter nach oben geschoben wurde. »Ja, was wollt ihr denn dann einmal werden???« Ein schon etwas größerer Bub rief laut: »YouTube-Star!!!« In diesem Moment gingen zehn Kinderhände in die Höhe. YouTube-Star. Da wird man sich beim Arbeitsmarktservice wohl auch noch drauf einstellen müssen.

Die Jungs im Pool diskutieren inzwischen eingehend über

diverse YouTube-Stars. »Weißt du, wer das Perverseste auf You-Tube ist?«, fragt einer.

Pervers? Ist das jetzt ein neues Jugendwort? So wie *cool?* Wobei *cool* sicher schon voll *out* ist. Oder *fett* oder *krass*, oder was weiß ich, wie die heute reden. Ich habe da längst den Anschluss verloren. Ich sitze noch immer an der Autobahnraststätte des Lebens, während alle anderen schon längst die Grenze zu neuen Ländern überschritten haben. In meiner Generation sagt man noch Wörter wie *lässig* oder *flott. Kess* wäre schon das sexuell gewagteste Eigenschaftswort. *Kesse Biene.* Aber doch nicht *pervers* im Sprachgebrauch von 13-Jährigen!

Da sagt der Bub plötzlich: »Ok, ich sag euch jetzt, was das Perverseste auf YouTube ist. Das Perverseste ist die Soundso (Name nicht verstanden), weil die will den ganzen Tag nur f…en!«

OMG!!!!!!!!!!

Sofort beginne ich, vor meiner Tochter wild auf und ab zu hüpfen und ihr Wasser in die Ohren zu spritzen, damit sie nichts mehr hört.

»Komm, wir müssen schnell weg«, sage ich zu ihr.

»Aber Mama, was is los?«, fragt sie.

»Nix, da war nur eine Biene. Eine kesse Biene.«

Pringles in Paradise

Der Club hier lässt sich wirklich nicht lumpen, jeden Tag lassen die sich etwas Neues einfallen, um uns zu beeindrucken. Gestern ist der ganze Mitarbeiterstab, also vielleicht nicht der ganze, aber locker 100 Personen, in einer Polonäse auf dem Strand aufgelaufen. Dann wurde eine Reihe gebildet, Rücken zum Meer, Blick auf die Gäste. Im Zuge einer einzigartigen Choreografie hielt jeder zweite oder dritte Mitarbeiter ein weißes Blatt Papier mit einem Buchstaben darauf hoch. Die überraschten Besucher konnten ablesen: »Happy New Year 2020 to our Guests!« Was für ein Einsatz! Ich habe den Gatten erst wachrütteln müssen, der hätte das sonst verschlafen. Aber als sie dann auch noch eine mobile Küche an den Strand gefahren und Pancakes ausgehändigt haben, ist er gleich wach gewesen. Was für ein Empfang im neuen Jahr!

Danach gab es sogar noch eine kleine Überraschung für uns Gäste. Es wurden Pringles-Sour-Cream verteilt. Auch gratis! Ich liebe Sour-Cream-Chips, der Gatte lehnte dankend ab. Das wunderte mich ein bisserl, seit wann lehnen wir etwas dankend ab, was essbar ist und nichts kostet? Aber dann erzählte er mir, wie er damals bei der Markteinführung von Pringles noch als Postler am Postamt im 8. Wiener Gemeindebezirk gearbeitet hat. Um die Menschen möglichst flächendeckend mit den damals noch neuartigen Chips anzufixen, hat man sich überlegt, jedem Haushalt eine Kostprobe mit der Post zu schicken. Also haben die Postler wochenlang Pringles an Haushalte zugestellt. Das war die schönste Zeit im Jahr, als die armen Briefträger schon ganz müde und bucklig waren vom Austragen der schweren Versandhauskataloge. *Universal Versand.* Oder *Otto.* Die beliebteste Zeit für Krankenstände sei das gewesen. Allein in seinem Bezirk habe man Kartoffelchips an 18 500 Haushalte verteilt. Als sich das unter den Kollegen herumsprach, kamen einige schnell wieder aus dem Versandhauskatalog-Krankenstand retour. Plötzlich wollte jeder sehr gerne diese Pringles-Ausfuhren übernehmen. Ein besonders starker und sehr sportlicher Kollege sei einmal sogar mit drei großen Sporttaschen zum Dienst erschienen. Eventuell hätten danach auch nur 18 400 Haushalte ihre Pringles bekommen.

Nach dieser aufregenden Geschichte schläft er auch gleich wieder ein, auf seiner Liege neben mir, der besonders starke und sportliche Kollege …

Schnuppern für Frauen

Ich habe ja schon viel ausprobiert. War Heilfasten in einem Schweigekloster und habe eine Nacht im Schaufenster eines Möbelhauses verbracht. Beim Heilfasten war nicht der Nahrungsentzug das Schlimmste, sondern das Schweigen! Man beginnt, sich stumm zu »unterhalten«, weil man das Schweigen fast nicht aushalten kann. Augenbrauen, Schulterzucken, Kopfschieflage, am Ende ist man so gut darin, dass man eine Pressekonferenz stumm abhalten könnte. Im Schaufenster zu schlafen war ungewohnt, auch weil es in meiner Heimatstadt war. Wo jeder jeden kennt. Und demnach auch alle paar Minuten jemand an die Scheibe klopft und lustige Grimassen schneidet. Auch hier konnte man sich nur pantomimisch unterhalten, weil die Schaufensterscheibe so dick war. Viele Bekannte, Freunde, aber auch Nachbarn und Familienmitglieder sind an dem Schaufenster vorbeigegangen. Meistens mit Einkaufstaschen in der Hand oder Kindern hinter sich her. Und eine Zehntelsekunde später haben sie den Unterschied bemerkt, dass da ein echter Mensch im Schaufenster liegt. Dann sind sie retour und haben bemerkt, da liegt nicht nur ein Mensch, da liegt sogar eine Menschin, die sie kennen! Dann ging es los mit der Ursachenforschung. Sie klopften an meine Scheibe, zogen die Schultern nach oben. Was ich da täte? Ich, aufrecht im Bett, gebettet auf dickes, weißes Leinen, zeigte dann mit ausgestrecktem Zeigefinger Richtung Bett. Und gleich danach die betenden Hände auf die Wange und den Kopf schief gelegt – internationales Zeichen für Heidschi Bumbeidschi, ich geh jetzt schlafen. Es war ein Job. Ich war jung. Ich wollte das Geld. Gebraucht hätte ich es nicht, aber gewollt habe ich einen Fernseher für mein Jugendzimmer. Außerdem, Jobs sind wie Männer, es kann nicht schaden, wenn man ein bisserl was ausprobiert, bevor man sich längerfristig festlegt.

Aktuell probiere ich Urlaub unter deutschen Palmen aus, und heute findet auch eine Premiere statt: Schnorcheln.

Ich war noch nie in meinem Leben schnorcheln. Wo auch, an solch exotischen Plätzen wie hier war ich erst einmal zuvor: Hochzeitsreise Mauritius 2006. Ansonsten habe ich mich urlaubsmäßig gerne in Österreich, Deutschland oder bevorzugt auch Ungarn aufgehalten. Ich bin Profibesucherin von ungarischen Thermal-Badeanstalten. Aber das trübe Heilbecken, wo alle bei 45 Grad oder mehr vor sich hindümpeln, ist kein Platz, wo du zwingend schnorcheln willst.

Außerdem bin ich kein Ausrüstungssportler. Sobald man Equipment braucht, ist mir das zu umständlich. Skifahren verlangt mir diesbezüglich schon alles ab. Skiunterwäsche, Skisocken, Skihose, Skipulli, Skijacke, Handschuhe, Helm, Brille, Liftkarte, Sonnenbrille, Taschentücher, Geld, Schnitten, Traubenzucker, falls es zu einem spontanen Zuckerabfall am Sessellift kommt. Fehlt noch was in der Aufzählung? Ah so, ja, Ski! Stöcke! Skischuhe!

So gesehen ist Schnorcheln eigentlich eh noch mit wenig Ausrüstung verbunden …

Als ich mir am Strand gerade die Taucherbrille aufsetze, verfangen sich die Haare darin. Der Gatte versucht das zu entwirren. Je mehr er es versucht, desto stärker dreht sich alles ein. Während ich versuche, nicht daran zu denken, dass die Leihschnorchel auch schon in anderen Mündern waren. Ich meine, was ist mit dem Besteck im Restaurant? Eben!

Gerade geht eine richtige Tauchergruppe zu ihrem Boot. Das sind die, die hier einen Tauchkurs gebucht haben. »In ein paar Jahren, wenn du alt genug bist, machen wir das auch«, sagt der Gatte. Ich fühle mich fast geschmeichelt, wegen dem *alt genug*, bis ich merke, dass er eigentlich die Tochter meint. Na gut. Die erscheint mir zweifelsohne mutiger als ich. Dabei habe ich das Tauchen zumindest schon einmal ausprobiert! Gleich zu Beginn unserer Beziehung, vor fünfzehn Jahren. Ich war »Schnuppertauchen für Frauen«. Warum ich das gemacht habe? Als ich den Gatten damals kennenlernte, hat er mir erzählt, dass er gerne tauchen geht. Wie das so ist bei einem beginnenden Balzverhalten, findet man alles wahnsinnig spannend, was der andere macht. Also habe ich mich sofort sehr für das Thema Tauchen interessiert. Habe im Internet heimlich nachgelesen, um mitreden zu können. Habe uns Hand in Hand in den Sonnenuntergang tauchen sehen. Was man halt so sieht, wenn man frisch verliebt ist. Sonnenuntergang kommt vor Zusammenziehen und Unterhosenwegräumen.

Vor lauter Liebe saß ich dann irgendwann in einer Wiener Tauchschule. Sein Bruder war dort Tauchlehrer, seine halbe Familie involviert. Mir war klar: Das Herz des Burschen knackst du unter Wasser. Oiso habe ich ein tolles Angebot in Anspruch genommen: »Schnuppertauchen für Frauen«. Warum jetzt genau nur für Frauen, war mir nicht ganz klar, aber alles egal. Hauptsache: der eine Mann!

Zuerst bekamen wir die Tauchanzüge. Da kamen erste Zweifel auf. Muss das so eng sein? Muss das so nass sein? Und war da eventuell schon jemand vor mir in genau diesem Anzug drin? In dem Fall war es gut, dass nur Frauen zugelassen waren, weil hätte der Gatte mein monkiges Getue hier schon beobachtet, wär's mit dem Sonnenuntergang aus und vorbei gewesen. Ich versuchte so gut es ging, Contenance und Eleganz auszustrahlen. Bis zu dem Zeitpunkt, wo sie uns diese Flaschen auf den Rücken schnallten. Die waren schwerer als ich! An aufrechtes Gehen war nicht mehr zu denken. Ich konnte nur noch langsam auf allen vieren in Richtung Tauchbecken robben. Danach war ich schon völlig verschwitzt. Dann sollten wir nach hinten ins Wasser kippen. Nach *hinten* kippen!!! Der Kontrollfreak in mir kippt besonders gerne nach hinten – in unbekannte Gewässer. Sei es nur ein fünf Meter tiefer Tauchturm in Wien-Stadlau. Vor lauter Aufregung habe ich mir nicht mehr alle Einzelheiten der Einschulung merken können. Das Wichtigste blieb hängen: Ziel ist es, ganz runterzutauchen in diesem Turm. Denn da unten wartet das Glück: die Männer!

Mit Hilfe einer sehr geduldigen Tauchlehrerin schaffte ich es auch irgendwie, wirklich runterzukommen. Bis zu dem Bullauge am Ende des Tauchturms. Und siehe da! Tatsächlich drängten sich auf der anderen Seite von dem Fenster schon alle Männer dicht aneinander. In der einen Hand hielten die meisten ein Krügerl Bier, mit der anderen haben sie gewinkt. Die waren alle im Restaurant der Tauchschule. Mir war zuerst nicht klar, wo die sich da befinden, weil dekomäßig hätte es auch der Meeresgrund von Arielle, der Meerjungfrau sein können. Der Raum war vollflächig dekoriert mit Fischernetzen, Muscheln, Fischen, Sand. Ganz hinten sah ich Triton sitzen, den König der Meere, mit seinem Dreizack. Nur dass das der Gattenanwärter war, mit seinem Bier, und ich vielleicht schon Halluzinationen hatte, weil ich mit der Atmung nicht so ganz klarkam und dauernd die Luft anhielt.

Nach und nach kam eine Schnuppertaucherin nach der anderen dran, beim Bullauge zu winken. Wie beim Speed-Dating

rutschte man nach kurzer Zeit weiter. Eine Taucherin, winken –
dann die nächste Taucherin. Auf der anderen Seite der Scheibe
das gleiche Bild. Ein winkender Mann mit Bier – dann der
nächste. Prost! Endlich war ich an der Reihe. Der Gattenanwärter winkte stolz in das Guckauge und klatschte in die Hände.
Zum Schluss seiner Choreo formte er noch mit Daumen und
Zeigefinger einen Kreis wie beim Yoga-Om. Was auch immer
mir das sagen sollte. Ich deutete es als Einwilligung zu lebenslan-
ger Liebe. Vielleicht formte er schon die Eheringe? Die halt noch
etwas voneinander entfernt waren, sich aber in Bälde aufeinander zubewegen würden? Der Sauerstoffmangel macht auch was
mit dem Gehirn ...

Nachdem ich die Schnorchelbrille aus meinen Haaren entwirrt
habe, bin ich nun hochbereit für mein erstes Mal im Meer! Der
Gatte besteht darauf, dass ich Flossen anziehe. Meine Überzeu-
gungsversuche, dass es unnötig sei, weil mich die Natur schon mit
sehr praktischen Flossen ausgestattet hat, reichen nicht. Endlich
einmal wäre die Art von Einsatz da, wo meine eher quadratisch
gebauten Füße von Vorteil sind. Nie konnte ich hübsche Sandalen
tragen, weil immer der halbe Fuß seitlich rausging, niemals in
diesen Sex-and-the-City-Manolo-Blahnik-Weiber-Wahn verfal-
len. Doch jetzt! Einmalig und einzigartig könnte ich jetzt von
meiner Konstitution profitieren, und was ist? Er meint, ich soll
lieber doch Flossen anziehen wegen der spitzen und scharfen
Dinge im Meer.

Na gut, also borge ich mir die Hello-Kitty-Flossen vom Kind
aus. Die sind zum Glück prima größenverstellbar, und ich wat-
schle wie Gunther Philipp in einer schlechten Komödie über den
Strand. Flossengang, Taucherbrille und Schnorchel im Gesicht.
Dann die Erleuchtung. Schon nach wenigen Minuten richte ich
mich unmittelbar in Strandnähe häuslich ein. Ich schwebe im

Wasser, schwerelos wie im Weltall. Alles ist leicht, geräuschlos, bewegungslos. Das wird mein Sport! Die Sonne veranstaltet die schönsten Lichtspiele. Ich bin darauf konzentriert, zu schweben und die Sonnenstrahlen zu beobachten, wie sie auf den Sand unter mir auftreffen. Noch dazu ist dieser Sport völlig ungefähr-lich, ich bin so nah am Strand im seichten Wasser, dass ich ab und zu mit den Knien auf dem Sand schürfe. Gatte und Kind sind schon weit hinausgeschwommen, um nach Korallen und bunten Fischen Ausschau zu halten. Ich bleibe lieber in Strandnähe und fühle mich tiefenentspannt. Zeit und Raum haben ihre Bedeu-tung verloren. So müssen sich die Hippies gefühlt haben, wenn sie auf einem LSD-Trip mexikanische Mandalas gemalt haben. Ich bin im völligen Tiefenrausch! 40 cm über dem Meeresgrund.

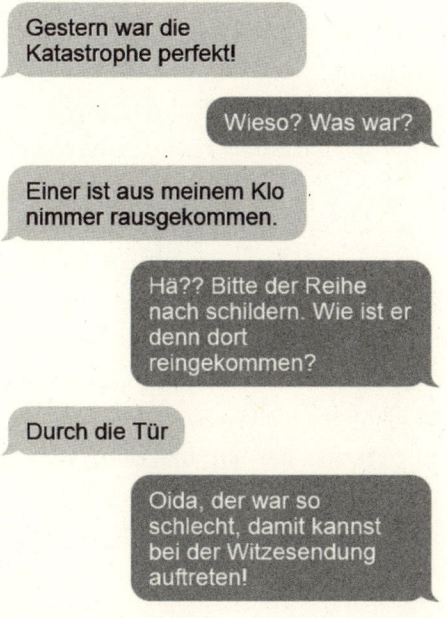

Gestern war die
Katastrophe perfekt!

Wieso? Was war?

Einer ist aus meinem Klo
nimmer rausgekommen.

Hä?? Bitte der Reihe
nach schildern. Wie ist er
denn dort
reingekommen?

Durch die Tür

Oida, der war so
schlecht, damit kannst
bei der Witzesendung
auftreten!

Rob-Bob und 3650 andere

»Die Similian-Inseln sind wunderschön für einen Ausflug, sie sind sehr beliebt«, sagt Michaela, die freundliche Mitarbeiterin aus dem clubeigenen Ausflugsreisebüro. Nach unserem ersten Bootsausflug sind wir jetzt auf den Geschmack gekommen. Wir sitzen über eine Ringmappe gebeugt vor schönen Bildern mit möglichen Ausflugszielen. Jede einzelne Destination sieht traumhaft aus. Türkises Wasser, weiße Sandstrände, einsame Buchten, Palmen, exotische Tiere, Naturschutzgebiete. Ein Ziel schöner als das andere. Die Similian-Inseln stechen mir dabei besonders ins Auge. Vor allem als ich in der Beschreibung lese, dass dort auch der thailändische König urlaubt. Und was für den thailändischen König gut ist, wird für uns ja gut genug sein. »Man muss dazusagen«, fährt Michaela fort, »dass die Similian-Inseln touristisch sehr gut besucht sind. Das sollte man vorher wissen. Aber wenn man zum ersten Mal hier ist: auf jeden Fall sehr zu empfehlen!«

Touristisch schon gut besucht hätte man an der Stelle durchaus ernst nehmen können. Aber ich meine, wir kommen aus Wien. Was soll touristisch noch besser besucht sein? Täglich fluten tausende Touristen das Schloss Schönbrunn. In der Wiener Innenstadt herrscht touristischer Ausnahmezustand (zumindest vor Corona). Also was soll uns da noch überraschen? Und da zeigt sich wieder mal, man soll nicht glauben, dass das Leben für einen keine Überraschungen mehr bereithält.

Ein kleiner Transferbus holt uns zeitig vom Hotel ab. Es ist noch zu früh für ein Frühstück, aber das Hotel war so nett und hat ein kleines Mini-Frühstücks-Buffet in der Lobby vorbereitet. Für Gäste, die schon früh abreisen, oder eben für Gäste, die früh zu Ausflügen abgeholt werden. Der Gatte weist uns darauf hin, dass wir auf jeden Fall etwas essen sollten. Er kenne diese Art von Speedbooten sehr gut, da könne einem sonst sehr schnell schlecht werden. Dass wir mit einem Speedboot ins Naturschutzgebiet fahren, war mir bis jetzt neu. Ich hatte mit einem romantisch verträumten kleinen Schiffchen gerechnet. Mit dem wir gemütlich übers Meer schippern, vielleicht ein paar Delfin-Sichtungen haben. So was halt.

Der Transferbusfahrer will uns offenbar schon auf das Thema *Speed* einstimmen und brettert in abartiger Geschwindigkeit über die Landstraßen. Das Ganze noch dazu auf der linken Seite, weil in Thailand ja Linksverkehr gilt. Alle zehn Minuten bremst er sich vor einem Hotel ein und wir laden neue Touristen in unseren Kleinbus. Als wir vollständig beladen sind, verdoppelt sich das Fahrttempo nochmal. The real Thailand zieht draußen an uns vorbei. Mir ist schon schlecht, bevor ich überhaupt auf dem Boot bin. Ich klammere mich an den Haltegriff und konzentriere mich auf meine Atmung. Ein. Aus. Ein. Aus. Allen anderen im Bus scheint das nichts zu machen. Auch Gatte und Kind schauen noch taufrisch aus.

Eine halbe Stunde später erreichen wir unser Ziel. Die Bootsanlegestelle in Richtung Paradies. Ich habe mir vorher passend zum romantisch verträumten Schiffchen auch einen romantisch verträumten Hafen vorgestellt. Vielleicht mit einem kleinen Café, wo man noch eine kleine Erfrischung direkt aus der Kokosnuss bekommt. Nicht ganz. Das Gelände macht den Eindruck einer aufgelassenen Fabrik. Unser Kleinbus parkt sich auf den letzten freien Parkplatz ein. Zwanzig weitere Kleinbusse stehen schon da. Wir steigen aus und sind erst mal orientierungslos. In einer offenen Wartehalle sitzen zahlreiche Menschen. Die meisten davon bereits in orangen Rettungswesten. Beim Eingang sitzt ein Mann vor einem Tisch mit vielen Listen. Weil sich alle bei ihm anstellen, machen wir das auch. Wir nennen brav unseren Namen und das Hotel und bekommen ein schwarzes Armband überreicht. Wir werden gebeten, uns eine Rettungsweste zu nehmen und wenn die Gruppe mit den schwarzen Armbändern aufgerufen wird, uns dieser anzuschließen. Weiter hinten in der Wartehalle liegt ein Berg Schwimmwesten auf dem Boden. Wir wühlen uns durch, bis wir zwei Erwachsenenwesten und eine Kinderweste finden. Beim Anblick der Schwimmwesten kommen bei mir die nächsten Zweifel auf. Ob das nicht im Hotel am Pool heute auch ein ganz prima entspannter Tag geworden wäre? Aber man muss ja schließlich mal raus aus der Komfortzone. Wann, wenn nicht im Urlaub etwas erleben? Eben!

Ich bin penibel darauf bedacht, die Sicherheitswesten korrekt anzulegen. Alle Verschlüsse gut zumachen! Auch die Bänder zwischen den Beinen. Und dann straffziehen! Nicht zu locker. Inzwischen liest uns unser inoffizieller Reiseleiter, der Gatte, die Sicherheitsregeln vor. Wir mögen bitte nicht vorne im Boot sitzen. Seiner langjährigen Erfahrung in der internationalen Schifffahrt sei an dieser Stelle zu vertrauen. Besonders bei Speedbooten empfehle sich ein Sitzplatz ganz weit hinten. Wo man auf der Wiener Donauinsel so viel Speedboot-Erfahrung sammeln kann, ist mir zwar schleierhaft, ich füge mich aber brav den Sicherheitsunterweisungen. Das Kind möchte an dieser Stelle schon lieber in den angeschlossenen Souvenirshop gehen, von dort blitzt es schön bunt rüber. Diverses Wasserspielzeug, aber auch bunte Kleidchen und T-Shirts (»I did the Similian Tour«) wehen fröhlich und sehr einladend im Wind. Auch ich habe schon ein Auge auf einen XL-Sonnenhut geworfen.

Weiters rät uns unser Sicherheitsexperte, während der gesamten Bootsfahrt sitzen zu bleiben. Das Kind zeigt brav auf. »Papa, und wenn ich aufs Klo muss?« Das ist ein Stichwort. Toiletten! Ich muss dringend noch aufs Klo. Die Sicherheitsunterweisung ist aber noch nicht beendet. Es folgt die Verteilung der Sickness-Tabletten, die einer der Guides jetzt an uns ausgibt. Oh ja, bitte! Mir ist eh noch schlecht von der Autofahrt. Also nehme ich gleich zwei. Der Gatte nimmt auch zwei. »Damit ich schauen kann, welche Wirkstoffe drinnen sind«, sagt er. Prima. Er ist jetzt auch unser Schiffsarzt. Wir sind versorgt. Er dürfte am Ende seiner Einweisung angelangt sein, weil er sich jetzt zu den Local Guides umdreht, eine Hand hebt und dabei mit Daumen und Zeigefinger einen Kreis bildet. Das internationale »Ok«-Zeichen, dass alles passt. Das kenne ich inzwischen schon von ihm. Jetzt fehlt nur noch, dass er in ein Megafon ruft: »Captain, boarding completed!«

In der Zwischenzeit werden die ersten Gruppen aufgerufen und zu den Schiffen begleitet. The red group, please! The yellow group, please! The white group, please! The blue group, please! The green group, please! The purple group, please! The pink group, please! Wir sind die letzte Gruppe, die aufgerufen wird. The black group, please!

Unser Guide ist ein sympathischer Thai mittleren Alters mit einem bunten Rastafari-Hemd und einem großen Tattoo auf dem Unterschenkel, das das Gesicht von Bob Marley zeigt. Er stellt sich uns als Rob vor. Wenigstens das kann ich mir gut merken. Rob mit Bob am Bein. Rob-Bob. Kurz bevor wir in unser Boot einsteigen, werden wir gebeten, unsere Schuhe auszuziehen. Man könne sie ruhig hier auf dem Steg lassen. Denn sowohl auf dem Boot als auch im Naturschutzgebiet seien keine Schuhe erlaubt. Links von uns bildet sich schon ein großer Schuhberg. Der inzwischen ähnlich hoch ist wie der Berg der Schwimmwesten. Ich stelle meine Schuhe dazu, versuche dabei, möglichst nicht hinzuschauen und tapse auf Zehenspitzen über den feuchten Belag auf dem Brett, das uns zum Boot führt.

»Den Spitzentanz wirst auf dem Boot schwer durchhalten können«, sagt der Gatte.

»Weißt du, wie viele Menschen da täglich mit nackten Füßen drüberlaufen?« Ich klinge wie eine städtische Zicke und versuche, aufkommende Gedanken rund um Fußpilz oder Hornhautschuppen abzuwenden.

»Bitte einmal noch in die Kamera lächeln!«, ruft uns ein Kollege von Rob-Bob zu, der mit einem Fotoapparat direkt vor dem Bootseinstieg steht. Wir werden in Familienformation gestellt, Vater, Mutter, Kind in der Mitte. Alle in Schwimmwesten.

»Cheeeeeese!«, ruft er, und ich muss immer noch an Füße denken. »So, jetzt haben wir auch ein schönes Foto von Ihnen, wenn Sie verloren gehen«, sagt Rob-Bob und reicht mir die Hand, damit ich ins Boot einsteigen kann. Er lacht schallend. Der Mann versteht es, mich zu beruhigen.

Das Speedboot selbst macht einen sehr modernen Eindruck auf mich. Fast wie so eine kleine Yacht, die man manchmal im Fernsehen sieht, wo die Promis vor Nizza oder Cannes rumschippern. Nur dass wir nicht Heidi Klum und Tom Kaulitz auf der Fahrt in eine einsame Bucht sind. Sondern dreißig bunt zusammengewürfelte Touristen in Schwimmwesten. Und in der Mitte Rob-Bob.

Diesmal sind viele verschiedene Sprachen zu hören. Englisch, Deutsch, Französisch, auch eine russische Familie ist mit an Bord. Weiter vorne schmiert sich eine ältere Dame gerade mit Sonnencreme ein. »Bei der Frau ist es auch schon knapp«, flüstert mir der Gatte zu. »Wie meinst du das? Was soll da knapp sein?« – »Na, weil mit über achtzig darf man mit dem Boot nicht mehr mitfahren!« – »Warum nicht, bitte schön?« – »Wirst scho merken.«

Auch er versteht es immer gut, mich zu beruhigen. Ich fokussiere meinen Blick lieber auf das Gesicht von Bob Marley.

Rob-Bob gibt uns inzwischen die wichtigsten Reiseinfos. Oberste Regel ist, dass wir uns das Boot merken. Unser Boot ist grün-weiß. Das sollen wir uns unbedingt einprägen, damit wir wieder an die richtige Stelle zurückkommen. Haha, alle lachen. Grün-weiß könne er sich leicht merken, flüstert mir der Gatte wieder zu. Die Farben seines Fußballvereins, Rapid Wien. Wir sind auf dem Rapid-Boot, alles klar.

»Die Inseln werden in zwei Tranchen besucht«, klärt uns Rob-Bob auf. Täglich dürfen maximal 3650 Personen gleichzeitig auf der Insel sein. Daher gibt es diese Einteilung in Tranchen. Mir erscheint die Zahl für ein einsames Naturschutzgebiet recht hoch, da fallen mir wieder die Worte von Michaela ein, »touristisch gut besucht«.

Wir nehmen ganz hinten Platz. Der Gatte verstaut Taschen und Regenschirme unter unseren Sitzen. »Warum hast du bitte drei Regenschirme mit?« – »I bin top ausgestattet. Des kannst aufschreiben in deinem Buch.« Ich merke an, dass ich noch weit und breit kein Buch habe, aber falls doch irgendwann, würden die drei Regenschirme und seine top Vorbereitung lobende Erwähnung finden. Er lehnt sich zufrieden zurück und streckt die Nase in die Sonne. Ich sitze daneben in meiner eng angeschnallten Schwimmweste, meine nackten Füße baumeln nach links und rechts.

Während wir langsam aus dem Hafen auslaufen, bekommen wir die wichtigsten Infos zum Schiff. »Hier in den Boxen in der Mitte ist unser Essen.« Rob-Bob zeigt auf große schwarze Boxen in der Mitte des Schiffes. »Rice und Lobster!« Er lacht laut auf. »Haha, nein. Rice und Chicken.« Er lacht nochmal laut auf, beginnt zu gackern wie ein Huhn und ahmt mit seinen Armen Flügelbewegungen nach. Ich mag Rob-Bob. »Da vorne hinter dem Captain ist unser Happy Room. Haha!« Er lacht wieder laut auf. »The Restroom!«

Ich kann mir nicht vorstellen, den Happy Room des ganzen Schiffs barfuß zu betreten.

Was ich an diesem Tag noch alles barfuß betreten werde, kann ich mir da zum Glück noch nicht vorstellen.

Die Similian-Inseln sind eigentlich eine Gruppe von kleineren Inseln. Der Einfachheit halber haben sie keinen eigenen Namen bekommen, sondern sie heißen Similian 1 bis 9. Einzelne Strände haben je nach touristischem Highlight einen Namen. Die Donald-Duck-Bay zum Beispiel. Wegen dem Stein ganz oben und der Ähnlichkeit mit der Ente. »Schaut, da oben ist der Donald Duck«, sagt der Kollege von Rob-Bob, der ihn jetzt bei unserer Gruppenbetreuung unterstützt. Er heißt Ake und spricht erstaunlicherweise in perfektem Schwyzerdütsch. Pantomimisch wird er dabei unterstützt von Rob-Bob, der die Hände in die Hüften stemmt und »Quack-quack-quack« macht. Zuerst das Huhn, jetzt die Ente. Ich freue mich schon auf die weiteren Vorstellungen.

Wir erreichen unseren ersten Zwischenstopp. Eine Bucht. »Einsame Bucht« wäre jetzt sicherlich der falsche Ausdruck. Sechs Speedboote in unserer Größe parken schon in der Bucht. Weitere Boote kommen vom weiten Meer auf uns zu und umkreisen die Bucht. Ich glaube, die warten auf einen freien Parkplatz. Fast wie ein Einkaufsamstag beim Ikea. Nur hier eben Naturschutzgebiet in Thailand.

Unser Schiff legt sehr nah am Land an und weil das Wasser dort schon seicht ist, können wir es zu Fuß und im Gänsemarsch verlassen. Zuerst die geschätzt knapp 80-jährige Dame, die am fittesten von uns allen vom Boot springt und auch gleich an Land ist. Dahinter die Russen mit ihren beiden Kindern. Dann wir. Ich versuche, das Gleichgewicht zu halten und nicht ins Wasser zu stürzen, der Boden ist teilweise sehr steinig und uneben. Ich klammere mich an unserem Sicherheitsexperten, dem Gatten, fest. Mit der anderen Hand halte ich seinen Geldbeutel nach oben und hoffe, den trocken an Land zu bringen. Er selber hat keine Hand mehr frei, er balanciert seinen Rucksack über dem Kopf, hinten am Rucksack baumeln die drei Regenschirme und Schwimmflossen. Neben uns legen gerade drei Schiffe mit ausschließlich chinesischen Touristen an. Auch sie verlassen das Schiff direkt im seichten Meer, nur im Gegensatz zu uns tragen sie alle lange Hosen, lange Shirts und XL-Hüte. Kein Millimeter Haut ist zu sehen, wenn man von Wangenknochen und Mundpartien absieht.

Die Chinesen bilden eine Hand-in-Hand-Kette. Ganz vorne der chinesische Reiseführer, er hält ein Megafon an einer langen Stange in der Hand. Das kenne ich von daheim von den Wallfahrtsgruppen. Wo einer vorne den Rosenkranz vorbetet und hinten beten alle nach. Ich weiß nicht, ob die Chinesen auch etwas beten, denn ich verstehe natürlich nicht, was der Reiseführer ins Megafon ruft. Es klingt laut und aufgeregt. Vielleicht betet er so was wie: »Gott schütze unsere Louis-Vuitton-Taschen und unsere Selfie-Sticks!« Weil sowohl Louis-Vuitton-Taschen als auch Selfie-Sticks werden von den chinesischen Gästen mit einer Hand über den Köpfen balanciert. Mit der anderen halten sie sich am Vordermann fest. Ich bin noch unschlüssig, welche Taktik die bessere ist, unsere Freestyle-Methode, bei der eines der Russenkinder bereits komplett nass geworden ist, oder die chinesische Seenotrettungskette.

Die Bucht ist überschaubar groß, in etwa wie die schmale Seite von einem Fußballfeld. Und genauso wie bei einem brisanten Match alle fünf Meter ein Sicherheitsmann mit Rücken zum Spielfeld und Sicht zur Gefahr (Fans) steht, steht auch hier alle fünf Meter ein Sicherheitsmann. Insgesamt sind es circa zehn Ranger, die mit Blick auf das offene Meer die Lage im Griff halten.

Es macht einen bedrohlichen Eindruck, weil sie mit langen dunklen Hosen, langen dunklen Shirts und Hüten verhüllt sind. Auf dem Rücken steht jeweils in großen Buchstaben: »RANGER«. Zusätzlich tragen sie einen Mundschutz, teilweise in Tarnfarbe. Jeder Ranger zählt genau die Anzahl der an Land eintreffenden Besucher mit einem Clicker in der Hand mit, und wenn etwas nicht so läuft, wie es sollte, pfeift er laut in seine Trillerpfeife. Wobei keiner in diesem Chaos zuordnen könnte, wem das Gepfeife eigentlich gilt. Im tobenden Lärm eintreffender Boote und chinesischer Megafon-Anweisungen wird es auch nicht wirklich wahrgenommen.

In Summe ergibt das das Bild einer apokalyptischen Kunstinstallation. Chinesische Rettungsketten, Louis-Vuitton-Taschen und pfeifende Ranger.

Wir folgen unserem zweiten Guide, dem Ex-Schweizer Ake, der auf einem kleinen Weg gleich hinter dem Sandstrand leichtfüßig den kleinen Berg hochläuft. Es ist ein ausgeschilderter schmaler Weg mit Holzgeländer und Einbahnregelung. Man sollte möglichst zügig voranschreiten, sonst bricht das ganze System zusammen. Denn hinten drängen bereits die nächsten Neuankömmlinge nach, die ebenfalls den Aussichtspunkt des Donald-Duck-Felsens erreichen wollen.

Oben angekommen, herrscht Selfie-Ausnahmezustand. Man erkennt auch gleich die Profi-Instagrammer, die sich möglichst weit nach hinten wagen, auf der Suche nach dem perfekten Selfie. Irgendwo habe ich gelesen, dass weltweit viel mehr Menschen bei Selfie-Unfällen sterben als bei Flugzeugabstürzen.

Ich verlasse den Weg nicht und halte mich am Holzgeländer fest. Natürlich ist die Aussicht oben großartig, aber ich kann mich kaum darauf konzentrieren, weil ich schon wieder den Retourweg hinunter suche. Ich möchte an dieser Stelle kurz in Erinnerung rufen, dass noch immer alle Besucher hier barfuß sind. Für einen Barfuß-Phobiker wahrlich kein schönes Schauspiel. Ich versuche auf Zehenspitzen und möglichst am Rand des Weges zu gehen. Dort, wo ich vermute, dass sonst wenige hinsteigen. Also linker Fuß am Rand links außen und rechter Fuß am Rand rechts außen. »Mama, musst du schon dringend aufs Klo?« Berechtigte Frage. Und falsches Stichwort. Weil, ich möchte mir keinesfalls vorstellen, wo ich hier im Naturschutzgebiet gemeinsam mit 3650 Besuchern aufs Klo gehen könnte. Da denke ich lieber an den König. Wo der wohl wohnt? Ruhig und beschaulich hat er es hier nicht. Aber gut. Das hätten die Kaiser im Schloss Schönbrunn heute auch nicht mehr. Angeblich wohnen im Schloss Schönbrunn ja tatsächlich Menschen. Es gibt vereinzelt Wohnungen. Mir hat mal ein Konzertveranstalter (auf dem Anwesen finden auch Großkonzerte statt) erzählt, dass es Anrainerbeschwerden wegen des Lärms gab. Ein querulantischer, pensionierter Gymnasiallehrer pochte auf die Einhaltung der Lärmschutzbestimmungen. Man habe versucht, sich mit dem Ex-Lehrer zu einigen. Sogar eine Umsiedelung für die Woche vor und nach dem Spektakel in ein luxuriöses Wiener Innenstadthotel habe man ihm angeboten. Aber der Lehrer blieb stur und ließ bei jeder geringsten Lärmüberschreitung die Polizei anrücken. Tatsächlich fand das Konzert dann ohne Zugaben statt. Weil die Zugaben nach 22 Uhr gewesen wären.

Während wir da so barfuß im Gänsemarsch hoch- und wieder runterlaufen, erzählt uns Ake, dass das langsam ein Problem wird mit den vielen chinesischen Reisegruppen. Sie würden die Gegend regelrecht fluten, aber keinen nachhaltigen Beitrag zur Wertschöpfung leisten. Sie würden ausschließlich mit chinesischen Reiseveranstaltern ins Land kommen, in Hotels nächtigen, die zu 100 Prozent in chinesischem Besitz sind und ausschließlich chinesisches Essen konsumieren. Ake schüttelt den Kopf und sagt:»Instant-Nudeln, die essen nur Instant-Nudeln!«Wir schütteln betroffen die Köpfe, und ich muss an unseren deutschen Club und die Kartoffelsuppe denken.

Ich flüstere dem Gatten zu, dass wir morgen unbedingt wieder auf den Markt essen gehen und die Trinkgeldmenge verdoppeln werden. Außerdem nehme ich mir vor, eines der lokalen Massageangebote am Strand zu nutzen und ziehe, um die thailändische Wirtschaft anzukurbeln, sogar in Erwägung, mir Rastazöpfe einflechten zu lassen. Warum Ake wieder aus der Schweiz zurück nach Thailand gekommen sei?, wollen wir wissen. Er strahlt uns an und zeigt hinaus aufs weite Meer.»Gibt es denn etwas Schöneres?«, fragt er uns. Wir schauen über die vielen Boote hinweg aufs Wasser, dort verbirgt sich die zweite Inselgruppe. Nein, es gibt wirklich kaum etwas Schöneres, pflichten wir bei. Dabei versuche ich zu verdrängen, dass sich langsam ein gewisser Harndrang bei mir bemerkbar macht.

Bevor wir über den Wasserweg zurück aufs Schiff gehen, teilen wir das Gepäck wieder auf. Der Gatte nimmt den Rucksack, die beiden Taucherflossen (unbenützt, weil wo auch?) und die drei Regenschirme. Ich bekomme die kleine Bauchtasche mit Geld und Handy. Weil mein Bauch schon im Wasser ist, hänge ich sie mir um den Hals. Das hilft nur leider nichts, wenn man trotzdem ins Schwanken gerät und der Beutel sich schön langsam mit Wasser vollsaugt. Rob-Bob ist zum Glück direkt hinter mir und stützt mich noch rechtzeitig, er bietet mir an, den Beutel für mich zu tragen. Ich stolpere weiter in Richtung Schiff, irgendwann bin ich bis zum Hals im Wasser. Der Gatte und das Kind sind bereits oben angekommen. Ich bin die Letzte, die das Schiff erreicht und kurz nachdem ich oben bin, legen wir auch schon ab und fahren wieder aufs offene Meer. Ich könne ihm jetzt Handy und Geld wiedergeben. Die Menschen am Strand werden immer kleiner, wir entfernen uns. Mitten unter ihnen steht Rob-Bob und winkt. In der Hand unseren Beutel …

Ich laufe hysterisch nach vorne, wo Ake neben dem Steuermann sitzt, und rufe:»Wir haben Bob Marley verloren! Wir müssen dringend umdrehen! We have to turn around! Looki-looki.« Mein Englisch wird in der Aufregung nicht besser. Außerdem würde Ake eh fließend Deutsch sprechen. Aber ich bin zu aufgeregt für alles.

»Rob – we lost Rob!«, lege ich nach.

Dann versteht Ake endlich, was ich meine und versucht mich zu beruhigen.»Nein, das is ein normales Wendemanöver, Rob kommt gleich, er muss nur das Boot losmachen.«

Und tatsächlich, wir wenden, fahren wieder ein Stück zurück und Rob besteigt das Boot. Erschöpft vor Aufregung falle ich in meine rückwärtige Sitzposition, neben den verwunderten Gatten, der von allem nix mitgekriegt hat und sich nur wundert, warum ich aufgescheucht wie ein Huhn über das Boot gelaufen bin und Rob-Bob mir unseren Beutel überreicht hat.

»Alles in Ordnung«, rufe ich ihm über den Fahrtwind hinweg zu,»muss dann nur bald aufs Klo!« Aber noch bin ich nicht bereit für das Barfuß-Klo-Manöver. Bereiter wäre ich für einen Schnaps oder etwas in die Richtung.

»Liebe Gäste, wir fahren jetzt circa zwanzig Minuten zu einer schönen Bucht. Und dort können Sie dann, wenn Sie möchten, schnorcheln«, erklärt uns Ake jetzt.»Wer braucht, kann sich hier gerne Schnorchel ausborgen.«

Er zeigt auf eine Kiste mit Schnorcheln. Allein beim Gedanken daran, einen fremden Schnorchel in den Mund zu nehmen, schüttelt es mich. Vielleicht bin ich doch nicht so der Abenteuerurlaub-Typ.

Weil ich schön langsam immer dringender aufs Klo muss, bin ich auch die Erste, die sich anstellt, um ins Meer zu springen. Wir erreichen die Schnorchel-Bucht. Ich zähle noch drei weitere Ausflugsboote, die ebenfalls hier anlegen. Auf jedem Boot befinden sich etwa 40 Personen, das ergibt grob überschlagen 120 Menschen, die allesamt mit ihren orangen Schwimmwesten nach oben treiben und schnorcheln. Wir legen etwas weiter entfernt von den anderen Booten an, und ich springe sofort ins Wasser. Dort braucht es einen Moment, bis ich mich halbwegs stabilisiert habe. Die Brille beschlägt und Wasser dringt durch den Schnorchel. Der Wellengang beunruhigt mich, und ich halte den Kopf lieber über Wasser, um Ausschau nach möglichen Gefahren zu halten.

Der Gatte und das Kind sind inzwischen schon profimäßig am Schnorcheln. Sie treiben friedlich nebeneinander her, ein lila und ein gelber Schnorchel, und bestaunen die Schönheiten des Meeres. Vorher hat er mir noch eine kurze Sicherheitseinweisung gegeben, was man an meinem Sprung ins Wasser noch hätte optimieren können. Denn so wie ich gesprungen sei, wäre das sehr riskant gewesen. Eine falsche Welle, und das Boot hätte mir den Schädel von hinten zertrümmern können.

Vor meinem inneren Auge, also hinter der beschlagenen Taucherbrille, läuft jetzt ein Ranking der potenziellen Gefahren ab.

- Von Welle überschwappt
- Wasser über Schnorchel dringt direkt in die Lunge
- Chinesisches Ausflugsboot überfährt mich
- Quallen
- Haie? Nicht auszuschließen
- Fußpilz
- Offener Fußpilz mit schlimm eindringenden Infektionen
- Schädel beim Sprung zertrümmert

- Was mir aktuell das dringlichste Problem erscheint: Harnstau! Die Wellen schaukeln unangenehm. Ich muss so dringend aufs Klo wie nie zuvor in meinem Leben und versuche deswegen, etwas weiter weg von der Schnorchelgruppe zu schwimmen. Immerhin trage ich einen roten Bikini, und würde ich mich meiner Bikinihose entledigen, könnte das natürlich haarscharf beobachtet werden. Da wäre dann natürlich international jedem gleich klar, was da abgeht. Leider ist aber immer irgendwo eine orange Schwimmweste in der Nähe, es ist schwierig, und zu weit weg vom Boot wage ich mich auch nicht. Nach zehn Minuten planlosen Strampelns gebe ich auf und schwimme zurück zum Boot. Oben angekommen haste ich direkt mit Taucherbrille und Schnorchel im Gesicht aufs Klo. Und bin ganz erstaunt, wie schön und sauber die Toiletten sind.

Der Gatte winkt mir zu und ruft, ob alles ok sei. Ich gebe das internationale Zeichen. Finger nach oben und mit Daumen und Zeigefinger einen Kreis bilden. »Alles super!«, rufe ich und schaue ihnen zu, wie sie wieder Seite an Seite friedlich nebeneinander herschnorcheln. Ein schönes Bild, an das ich noch in vielen Jahren wehmütig zurückdenken werde. »Weißt du noch«, werde ich sagen, »als sie neun war, und ihr immer gemeinsam Seite an Seite schnorcheln wart?« Die Zeit vergeht viel zu schnell, und ich bin eine Luschenmutti, der schon wieder Tränen aufsteigen. Man muss die Zeit genießen und Erinnerungen sammeln. Das ist es, woran wir später zurückdenken werden. Nicht an Geld. Nicht an Berufe. Nicht, wer man war und was man hatte. Sondern an die gemeinsame Zeit im Wasser. Seite an Seite.

Kurz bevor ich so richtig melodramatisch werde, hupt ein Auto. Reifen quietschen. Nochmal Autohupen. Zweimal hintereinander. Dann blökt ein Schaf. Mäh-mäh. Wo kommt das jetzt bitte her? Wir sind in Thailand auf einem Schiff! Ich schaue mich um und entdecke weiter vorne die beiden Sprösslinge der russischen Familie. Alle anderen Gäste unseres Boots sind im Wasser. Nur nicht die zwei, ich schätze sie auf zehn oder elf Jahre, und ich. Jedes Kind hält konzentriert ein Tablet in der Hand. Von dem einen kommt das Hupen, von dem anderen das Schafeblöken. Die Kids sind völlig abgeschottet von der wunderschönen Außenwelt in ihre Spiele versunken. Blöderweise haben die russischen Eltern offenbar vergessen, den Lautstärkeregler einzustellen, bevor sie über Bord gingen.

Ich wende mich wieder dem Meer zu und schieße Fotos von dem lila und dem gelben Schnorchel. Unser Boot schaukelt sanft hin und her. Ich schließe die Augen und halte meine Nase in die Sonne. Also zumindest in die Richtung, ich sitze natürlich im Schatten, denn was die Chinesen bis zur Perfektion betreiben, weiß ich natürlich auch: Sonnenlicht ist böse für die Hautalterung. Aber die Wärme ist angenehm und das Schaukeln auch, und fast könnte ich ein bissi wegdösen.

Hup-hup! Blök-blök!

Wenn da nicht diese beiden Kinder hinter mir wären. Ich versuche, ihnen einen strengen Blick zuzuwerfen. Wer schon jemals mit Kindern während ihrer Benützung elektronischer Geräte konfrontiert war, wird wissen, ein strenger Blick ist lieb gemeint, verpufft aber wie ein schlechter Witz. Man sieht ihn nicht. Und man hört ihn nicht und riecht ihn nicht. Er ist also nicht da. Außerdem bin ich mir bei russischen Gesichtsausdrücken nie so sicher. Eine Freundin aus Moskau hat mir einst erzählt, dass Russen grundsätzlich ernst schauen. Warum das so ist, weiß ich nicht. Die meinen das sicher nicht böse. Aber dieses höfliche Gelächle, das bei uns üblich ist, gibt es dort angeblich nicht. Wenn das stimmt, kann ich mit meinem strengen Blick auch nix ausrichten, die Kinder interpretieren vielleicht eine liebevolle Aufforderung hinein, den Ton etwas lauter zu drehen, damit ich mehr Anteil an ihrem Spiel nehmen kann.

Egal. Ich lege mich quer über die Bank, versuche die Augen zu schließen. Blök – Tuuuut – Blök! Ich werfe noch einen Blick über Bord, wo die russischen Eltern abgeblieben sind. Und überlege, ob man fremde Kinder maßregeln darf? Aber der einzige russische Satz, den ich auswendig kann, ist »Iswinitje moschna«, und heißt circa: »Entschuldigen Sie, darf man?«

Und was dann? Nehme ich dann die Tablets und werfe sie ins Meer? Treffe dabei die Eltern und dann ab in die russische Gefangenschaft mit mir? *Wienerin attackiert steinreiche Oligarchenfamilie in Thailand.* Lieber nicht.

Ich füge mich mein Schicksal, und eingehüllt in die Klänge des rauschenden Meeres, der Trillerpfeifen und blökenden Schafe falle irgendwann in einen kurzen Dämmerschlaf. Als ich wieder aufwache, sind alle Schnorchler bereits an Bord, auch die beiden meinigen. Die 80-jährige Frau hat rote Wangen wie ein junges Mädchen und ein glückliches Strahlen in den Augen. Sie war mit einer professionellen Kamera tauchen, vielleicht war sie früher eine berühmte Unterwasserfotografin, oder ist das immer noch. Ich finde sie auf jeden Fall bewundernswert. Ganz allein wagt sie dieses Abenteuer, ist fitter und mutiger als ich, obwohl ich über dreißig Jahre jünger bin. Respekt!

Ake informiert uns, dass wir in Kürze unsere dritte Insel erreichen werden und dass wir dort auch etwas zu essen bekommen. Inzwischen kenne ich den Ablauf schon: Gänsemarsch übers Wasser, Gepäckstücke hoch über den Köpfen erhoben. Was mich allerdings wundert, ist, dass Ake, Rob-Bob und zwei andere Helfer riesige schwarze Boxen vom Schiff zur Bucht hinaustragen. Inzwischen habe ich mich auch an den Anblick der chinesischen Boote gewöhnt. Denn auch hier liegen sechs bis acht Stück in der

Bucht. Der Strand wird wieder sehr gern für chinesische Selfies benutzt, auch das kennen wir jetzt schon und schlängeln uns geschickt durch den Selfiestangenslalom, um die Fotografinnen bei der Arbeit nicht zu stören.

Eine etwas reifere chinesische Dame posiert in einem goldenen Badeanzug aus Samt (?!) mit einer großen goldenen Schleife auf dem Rücken. Darunter trägt sie lange schwarze Leggings und ein schwarzes Langarmshirt. Es gibt nichts, was es nicht gibt.

Meine Aufmerksamkeit gilt dem großen braunen Informationsschild. Es zeigt an, was hier alles nicht erlaubt ist. Und das ist allerhand. Hier ein Auszug der Highlights, in Originalfassung mit Untertiteln:

• *Do not bring hunting tools.* Das Bild dazu zeigt entweder den Greifarm eines Baggers oder eine Angel. Ich tippe auf Letzteres.

• *No gambling.* Dazu das Bild von Spielkarten. Dabei wäre das hier zweifelsohne noch die friedlichste Beschäftigung, bei der man am meisten im Einklang mit der Natur ist. Aber gut. Net Koartnprackn, wie man in Wien sagt.

• *Do not fire.* Im Bild eine Kleinkaliber-Schusswaffe. Dieser Bitte kann ich mich durchaus anschließen.

• *Do not bring alcohol.* Kann man sich auch verständnisvoll anschließen. In Tirol hat der Betreiber einer Pistenraupenfirma seinen Job an den Nagel gehängt, weil das mit den Besoffenen schon so ausartet, dass ihm dauernd in der Nacht wer vor die Raupe fährt. Was das jetzt damit zu tun hat, weiß ich selber nicht. Aber wer weiß, in welche Richtung alles eskalieren könnte.

• *No fishing.* Nochmal eine Angel. Offenbar war das im oberen Bild doch ein Baggergreifarm.

• *Do not fly drone.* Wenn jetzt jeder zu seinem Selfie-Stick noch eine Flugdrohne dabeihätte, wäre der Luftraum über Thailand geschlossen.

• *Do not write.* Jetzt geht es aber zu weit, Freunde! Da flieg ich extra von Wien bis Thailand, um endlich mein Buch zu schreiben, und dann das. Dem kann ich mich wirklich nicht anschließen. Ich tippe weiterhin Notizen in mein Handy. So. Geht. Stille. Rebellion!

Wir werden gebeten, uns an einem Punkt der Bucht zu versammeln. Ake und Rob-Bob beginnen mit der Ausgabe von Plastikboxen und Picknickdecken. Wir stellen uns brav in einer Zweierreihe an und jeder bekommt eine Box ausgehändigt. Danach folgen wir den anderen ein paar Schritte von der Bucht entfernt nach hinten. Im Schatten der Bäume, dort wo das Naturschutzgebiet beginnt, beginnt auch das Spektakel.

Circa 300 Menschen sitzen über ihre Boxen gebeugt auf dem Boden und essen. Massenpicknick. Links die europäisch aussehenden Besucher: mit hellgrünen Boxen mit Reis, Huhn und Salat. Rechts die chinesisch aussehenden Besucher: mit silbernen Boxen mit Nudeln und Stäbchen.

Kaum ein Platz ist noch frei. Ein kleiner Fleck ist mit Bambusmatten seitlich abgegrenzt. Rauch steigt aus der Mitte auf. Vielleicht gibt es doch noch ein Restaurant? Ich kann kaum glauben, dass alle Besucher mit eigenen Essensboxen hier auf die Insel kommen. Aber hinter den Matten stehen weitere 30 Menschen, die alle rauchen. Der Raucherbereich im Naturschutzgebiet …
Wir versuchen, einen Platz für unsere Picknickdecke zu finden, was sich als gar nicht einfach herausstellt, weil wir – immer noch barfuß – sehr bemüht sind, bei unserer Suche nach einem freien Meter nicht in eine hellgrüne oder silberne Essensbox zu treten. Dann Landung. Das Essen schmeckt großartig. Vielleicht weil wir schon so Hunger haben. Vielleicht weil die Kulisse an Skurrilität kaum etwas entbehrt. Vielleicht weil wir von der Bootsfahrt und dem Schnorcheln schon so müde sind. Es schmeckt großartig.

Nach dem Essen packen wir wieder zusammen, Ake und Rob-Bob sammeln alles ein, und wir haben weitere dreißig Minuten zur freien Verfügung. Wir durchwandern den Wald im Hinterland, und dort wird es zum ersten Mal einsam und beschaulich. Nach zehn Minuten erreichen wir die Rückseite der Insel. Auf dem Weg begegnet uns kein Mensch. Ich fühle mich wie Brooke Shields in der »Blauen Lagune«. Nur ohne ihre dichten Augenbrauen. Und ohne Schuhe. Ich halte stets nach dem Ferienhaus des Königs Ausschau, kann aber nichts entdecken. Dafür entdecken wir eine Schildkrötenaufzuchtstation. Mit zahlreichen Babyschildkröten. Das Herz geht uns auf und langsam muss ich schon wieder. Aufs Klo! Das Geschäft wird vertagt. Stattdessen laufen wir zu unserer Schiffsanlegebucht zurück, weil wir jetzt nur noch wenige Minuten Zeit haben. Auf dem großen Sammelplatz treffen gerade wieder neue hundert Millionen Besucher ein und stellen sich zur Ausgabe der Boxen an.

Auf der Rückfahrt mit unserem Boot dauert es keine zehn Minuten und alle fallen in einen komatösen Erschöpfungsschlaf. Auch die ältere Dame mit ihrer Profikamera und die Russen samt ihren Kindern schlafen. Vielleicht auch die Schäfchen auf dem Tablet, weil endlich ist es still. Kurz vor dem Ziel werden wir nochmal mit Kuchen und Keksen verwöhnt und gebeten, einen Feedbackbogen auszufüllen. Nix geht heutzutage mehr ohne Feedbackbogen. Überall und ständig ist man Bewertungen ausgesetzt. Lang dauert es nimma, bis man auch seinen Ehepartner bewerten muss, um den Bund der Ehe aufrechtzuhalten. »Performancegespräch« heißt das dann vielleicht. Ich gebe Ake und Rob-Bob die beste aller Bewertungen und schreibe mit der Hand noch weitere positive Dinge dazu. Der Gatte natürlich auch. Das ist seine Spezialdisziplin. Stolz überreichen wir den beiden unsere Feedbackbögen und warten, ob vielleicht auch wir Feedback bekommen. Aber wir bekommen noch etwas viel Schöneres. Unsere Schuhe retour!!!

Bevor wir in unseren Transferbus einsteigen, können wir noch ein kleines Andenken käuflich erwerben. Die Kollegen von Ake und Rob-Bob haben einen kleinen Verkaufstisch aufgebaut, auf dem schöne Erinnerungsteller präsentiert werden. Mit unseren Fotos vom Einsteigen draufgedruckt. Wir erwarben hier mittlerweile schon einen Bilderrahmen mit Muscheln und einen weiteren Dekoteller. Natürlich ist das touristische Abzocke, aber jeder einzelne Mitarbeiter hier war ausnehmend freundlich und bemüht, uns allen einen wunderbaren Tag zu gestalten und da kann man zusätzlich zum Trinkgeld ruhig auch noch ein nettes Souvenir erstehen.

Laa-laa, Tinky-Winky, Po und Dipsy

Der Transferbusfahrer bremst sich in unserer Hotelauffahrt ein. Fünf Minuten länger und ich hätte auf die Mittelkonsole gekotzt. Wir sind die letzten Passagiere, vorher hat er sich schon bei drei anderen Hotels eingebremst. Ich bin die ganze Fahrt vorne beim Fahrer gesessen, gleich neben dem kleinen, mobilen Autofahrer-Altar und dem Schaltknüppel aus Bernsteinimitat, in dem irgendwelche kleinen Tierchen eingeschlossen sind. Zumindest hat es so ausgesehen. Wenn mich die Schifffahrereien schon nicht endgültig ausknocken, übernehmen das diese Transferbusfahrten. Die restlichen Gäste haben aber davon nix mitbekommen, die waren zu erledigt vom Ausflug. Nur ich konnte nicht schlafen, weil wenn du vorne links in der ersten Reihe sitzt, fährst du bei uns normalerweise. Nicht aber in einem Land, wo Linksverkehr herrscht. Für mich als umgeschulte Linkshänderin der doppelte Albtraum, weil ich kann nicht so schnell umdenken und fühle mich daher ständig zuständig. Zumindest mein Körper. Meine Füße haben während der mehrstündigen Fahrt fast durchgehend mitgebremst und dabei fast die Bodenplatte durchgetreten. Der thailändische Fahrer lächelte hingegen immer freundlich, während er meiner Wahrnehmung nach permanent auf einen unausweichlichen Frontalzusammenstoß zusteuerte. Mit allem, was uns entgegenkam. Autos, Busse, LKW, Radfahrer, Fußgänger. Dass sich dann im letzten Moment eh immer alles noch ausging, konnte ich nur spärlich aus dem Augenwinkel wahrnehmen. Weil hinschauen konnte ich nicht mehr. Also schweifte mein Blick die ganze Zeit zwischen den eingeschlossenen Bernsteintieren im Schaltknüppel und dem Fußraum hin und her.

Der Gatte verabschiedet sich wie immer mit überbordender Freundlichkeit und großzügigem Trinkgeld vom Fahrer, während das Kind an ihm zupft: »Papa, wie spät ist es denn?« – »16 Uhr 18«, antwortet er. »Geht sich heute noch das Bommel-Quiz aus?« Und schon rennen wir in Richtung Strandbar.

»Heute ist das letzte Mal Bommel-Quiz!«, schreit der Gatte.

Ich rechne mir blitzschnell unsere Chancen aus. Da heute beim Frühstück schon deutlich weniger Gäste anwesend waren als in den letzten Tagen, dürften schon sehr viele abgereist sein. In einigen deutschen Bundesländern enden die Weihnachtsferien früher als bei uns. Das könnte unsere Chancen, das Bommel-Quiz zu gewinnen, deutlich in die Höhe treiben.

»Heute holen wir uns den Pokal!«, schreie ich noch im Rennen.

Den Ausflugsrucksack schleife ich hinter mir her. Verschwitzt war ich vorher schon, der Gesamtanblick wird nicht zwingend besser. Aber das ist jetzt alles egal – Bommel ist unser Ziel! Der Spielleiter kommt fast gleichzeitig mit uns in die Strandbar. Heute ist er als Pocahontas verkleidet. Sogar unser Tisch ist noch frei, und unsere liebe ostdeutsche Spielgefährtin ist auch noch einmal gekommen. Zum allerletzten Mal. Aber viel Rührung kann ich jetzt nicht aufkommen lassen, wir steigen gleich in die Materie ein, Konzentration!

Pocahontas, der eigentlich Dirk heißt und aus Magdeburg kommt, wie ich am Vortag zufällig erlauschen konnte, steht diesmal unmittelbar vor mir. Seine/ihre langen, schwarzen Zöpfe wedeln bei schwungvolleren Drehungen fast in mein Gesicht.

Wir starten mit der Kategorie Geografie. Scheiße, das ist nicht mein Schwerpunkt. Aber der Gatte schlägt gleich zu und holt mit irgendeiner Venedig-Frage ein Steinchen für unser Team. Nach und nach sammeln sich immer mehr Steinchen in der Mitte unseres Tisches. Ich habe noch nix dazu beitragen können. Dabei sehe ich die Karten von Pocahontas so nah vor mir, dass ich fast mitlesen kann. Die Buchstaben sind leider zu klein, aber ich kann eine klitzekleine Zeichnung erkennen. Blätter. Es erinnert mich an einen Beinspray, für den wir mal Werbung gemacht haben. »Die Kraft des Blattes« oder so ähnlich war der Slogan. Aber was war das für ein Blatt? Und werde ich das gleich brauchen können?

»Achtung«, sagt Pocahontas, »jetzt kommt eine sehr schwere Frage. Deswegen bekommt man, wenn die Antwort vollständig und richtig ist, dafür auch fünf Punkte.«

Das Kind richtet sich kerzengerade auf. Die Geografiefragen waren bisher zu schwer, oder es hat immer jemand anderer schneller Bommel gerufen.

Ich kann fast gar nicht hinschauen, gleich zerreißt es mein Mutterherz.

»Mama, bitte konzentriere dich! Wir müssen heute gewinnen!«

Pocahontas ruft laut aus: »Die Frage lautet: Wie heißen die fünf Kontinente?«

Plötzlich höre ich, wie mein Kind ganz laut neben mir »Bommel!« ruft. Es wird still. Alle schauen sie an. Sie ist heute das einzige Kind beim Quiz. Sie streckt ihre kleinen Finger einzeln hoch und beginnt aufzuzählen, Daumen: Australien, Zeigefinger: Amerika, Mittelfinger: Europa, Ringfinger: Afrika. Sie stockt. Alle starren sie gebannt weiter an. Ich kann gar nicht hinsehen. Sie legt den Kopf kurz schief und denkt nach, dann schnellt auch der kleine Finger in die Höhe und sie ruft: »Asien!«

Tosender Applaus setzt ein. Wir sind überglücklich und unserem Ziel fünf Steinchen näher.

»Welche Pflanze ziert die Flagge von Kanada?«, fragt Pocahontas weiter.

Ich erinnere mich an die Zeichnung auf der Rückseite der Karte. »Weinlaub!«, rufe ich laut. Da ist er mir wieder eingefallen, der Slogan: »Für Ihre Venengesundheit mit der Kraft von rotem Weinlaub.« Leider verhilft uns meine pfeilschnelle Antwort nicht zum Sieg, weil erstens habe ich vergessen, »Bommel« zu rufen und zweitens ist kein Weinlaub auf der Fahne von Kanada, sondern ein Ahornblatt.

»Bevor wir zur letzten Frage kommen, machen wir einen kurzen Zwischenstand«, sagt die männliche Pocahontas.

Er geht von Tisch zu Tisch. 19 Steine auf dem ersten Tisch. 17 Steine auf dem zweiten Tisch. Drei Steine auf dem dritten Tisch. 16 Steine auf dem vierten Tisch und 16 Steine bei uns. Mir wird klar, dass das Rennen gelaufen ist und wir keine Bommel-Quiz-

Gewinner mehr sein werden, auch wenn uns die fünf Kontinente deutlich nach vorne gebracht haben. Schade. Mir bricht schon wieder das Herz, als ich in die enttäuschten Kinderaugen schaue.

»So, meine Damen und Herren, jetzt die allerletzte Frage in unserem heutigen Bommel-Quiz.«

Ich werde wehmütig.

»Für diese Frage gibt es vier Punkte, wenn alle Namen richtig genannt werden.«

Ich rechne mit nix mehr und überlege, wie man die Familie gleich über diese Niederlage hinwegtrösten kann.

»Wie heißen die vier Teletu…?«

Eine Hand schnellt nach oben. *Meine!* Er hat noch nicht mal zu Ende gesprochen, und ich schreie um mein Leben: »Bommel!!!!! Die Teletubbies!«

»Ja, und wie heißen sie?«, fragt Pocahontas und hält mir das Mikrofon unter die Nase.

Jetzt muss ich liefern. Alle schauen mich an.

»Laa-laa, Tinky-Winky, Po und … äh der grüne, der grüne, wie hat der geheißen … Dipsy!«

»Richtig!«, ruft Pocahontas und legt uns die vier Steine auf den Tisch. Jubel! Begeisterung! Wir springen auf und liegen uns in den Armen. Der Gatte, das Kind, ich und unsere Mitspielerin. Wir haben es geschafft!

Ich schaue mich um, ob der Sasha grad irgendwo in der Nähe ist, um mit mir zu singen:

»Show me what you got, I know you've got a lot
So don't you let it slip away
Just show me what it takes to hold you, maybe no one told you
Trust me when I say
Today's your lucky day
Today's your lucky day …«

Wir dürfen uns im Hotelshop ein Werbe-T-Shirt aussuchen. Leider nur eines pro Team, aber unsere Spielgefährtin ist so nett, dass sie uns uns großzügig ihren Gewinn überlässt. Als wir mit einem letzten Cocktail auf unseren Sieg und den Abschied und überhaupt alles hier anstoßen, erzählt sie uns, dass sie gestern Abend auch bei der Club-Lotterie gezogen wurde. Scheiße, da war ja noch was! Ich wollte doch auch noch heimlich ... Offenbar bin ich zu spät dran. Ich werfe dem Gatten einen scharfen Blick zu. Aber nicht im sexuellen Sinn! Eher so nach dem Motto, siehst du, sie hat was gewonnen, hätten wir auch mitgespielt! Eine Woche Cluburlaub in der Türkei hat sie gewonnen. Unsere Clubkette hat dort auch einen Standort. Verdammt. Mein Blick verschärft sich weiter. Wir hätten auch mitspielen sollen. Nur weil ich dem Gatten einmal versprochen habe, bei keinen Urlaubsreisegewinnspielen mitzumachen. Jetzt hätte mich das Spielfieber endgültig gepackt, aber es ist zu spät. Na gut, beim nächsten Mal. Die Anreise müsse man selber organisieren, aber der Club sei komplett bezahlt, sagt sie. Gut, die Anreise kann man noch selber hinbekommen, denke ich. Da haben Leute schon deutlich weitere Anreisen hinbekommen.

Unser Trauzeuge ist vor vielen Jahren tatsächlich einmal selbst mit dem Auto nach Syrien (!) gefahren, um es dort reparieren (!!) zu lassen. Das war natürlich vor dem Krieg. Und er hatte kein Geld und einen elendig alten Nissan Cherry. Der wäre durch keine Pikkerl-Überprüfung der Welt mehr gekommen. Weil er überall so große Rostlöcher hatte, wäre er nicht mal mehr über einen Grenzübergang gekommen, geschweige denn durch vier oder fünf verschiedene Länder. Also hat sich unser Trauzeuge von einem Freund, dem Besitzer eines Transportunternehmens, große XL-Werbeaufkleber geholt und sein Auto damit so zugepickt, dass kein einziges Rostloch mehr zu sehen war. Die Balkanroute war damals,

zumindest in die Gegenrichtung, noch relativ offen befahrbar. Weil nun auf seinem Auto ganz groß »Internationale Transporte Müller« draufgestanden ist, haben ihn sämtliche Grenzbeamten zwischen Jugoslawien, Griechenland, der Türkei und schließlich auch Syrien durchgewunken … Hilfreich war natürlich auch, dass er einige Schachteln Marlboro und Dollarnoten mit dabeihatte. Die internationale Währung für problemloses Reisen.

Ich verstand allerdings nicht, wie sich das auszahlen kann, ein Auto in Syrien reparieren zu lassen? Allein die Benzinkosten! Der Besitzer der Autowerkstätte war ein entfernter Verwandter des Trauzeugen, der nach langer Gastarbeiterschaft in Wien wieder in sein Heimatland zurückgekehrt war. Weil ihn seine Verwandtschaft in Wien damals sehr gut unterstützt hatte, wollte er sich im Gegenzug auch erkenntlich zeigen. Im Norden Syriens, unweit der Stadt Aleppo, hatte er mittlerweile eine eigene Autowerkstatt eröffnet, die alle Stücke spielte. Oberste Werkstättenliga! Nur eben 3000 Kilometer entfernt. Und dass die Werkstatt wirklich alle Stücke spielte, konnte man danach auch sehen. Der Großonkel/Großcousin/was-auch-immer-Verwandte war nämlich nicht nur ein handwerkliches Genie, sondern auch ein großer Musikfan. Das Auto war danach nicht nur tipptopp wieder in Form, sondern jedes Mal, wenn unser Trauzeuge den Retourgang einlegte, begann das Autoradio auch noch von allein *Lambada* zu spielen.

»Nächstes Jahr spielen wir auch mit bei der Club-Lotterie«, flüstere ich dem Gatten zu. »Offenbar sind die Chancen ja nicht so schlecht.«

Solange ich ihn nicht zu einem bunten Reiseabend mit anschließender Verlosung in ein Gasthaus locken würde, könne ich mitspielen, wo ich wolle, meint er. Ich verstehe seine Ressentiments nicht ganz. Immerhin haben sein eigener Bruder, mein Schwager, und meine weltallerbeste Schwägerin bei einem Preisausschreiben bereits eine Türkeireise gewonnen. Also genauer genommen fing der Gewinn schon damit an, dass ein dreigängiges Essen plus nachfolgendem Reisevortrag im Preis inkludiert war. Essen, Vortrag, Gewinnspiel. Und weil das Glück unserer Familie sehr hold ist, kamen die beiden nicht nur mit einem Schnitzel im Bauch, sondern auch als stolze Gewinner einer einwöchigen Türkeireise nach Hause. Ich war sehr beeindruckt und etwas neidisch. Immerhin gab es zehn Gewinner-Pärchen. Bei insgesamt zwölf anwesenden Pärchen kann man hier durchaus von einer real existierenden Gewinnchance reden. Auch bei diesem Gewinn musste lediglich der Flug bezahlt werden, ab Betreten des türkischen Bodens war dann alles inkludiert. Die Türken ließen sich da nicht lumpen. Gleich vor dem Flughafen wurden die beiden mit dem Bus abgeholt und dann ließ man auch nicht lange mit den türkischen Sehenswürdigkeiten auf sich warten.

Erste Station war eine Kräuter- und Gewürzfabrik. Mit angeschlossener Shoppingmöglichkeit. Am nächsten Tag konnte man türkische Goldschmiedekunst in einer Manufaktur bewundern, mit angeschlossener Einkaufsmöglichkeit … und so verging die restliche Woche ganz flott mit einer Darbietung türkischer Handwerkskunst nach der anderen. Ich bin mir gar nicht sicher, ob es in der Woche je zu Wasserkontakt oder wenigstens einer Meeressichtung gekommen ist. Ich weiß nur, dass sie mit dem türkischen Teppich im Handgepäck Probleme hatten. Irgendwie ging es sich aber doch aus, entweder lag dann der Teppich während des Flugs auf dem Gang oder mein Schwager. Das kann ich nicht mehr mit Sicherheit sagen, aber seit damals sitzen wir jedes Jahr zu den Familientreffen auf dem türkischen Teppich versammelt und erzählen uns die abenteuerlichsten Reisegeschichten. Danach muss ich dem Gatten jedes Jahr schwören, nie bei so einem Preisausschreiben mitzumachen. Was ich sehr schade finde.

Geht der Klowitz eigentlich noch weiter oder war es das schon?

Ja klar! Die ur Story!

Erzähl!

Ich hatte ein Homedate mit einem syrischen Tennistrainer.

Homedate?

Das ist, wenn man sich in der Wohnung trifft.

Ist das nicht gefährlich?

Heast, du redest schon wie meine Mama!

Ja was sagt die dazu? Die findet das sicher auch nicht gut!

OMG! Red ja nie mit ihr drüber. Die weiß nicht, dass ich Tinder mache!

Du bist 41! Und hast Angst, dass deine Mama dahinterkommt, dass du Tinder machst? Hast du ihn deswegen im Klo eingesperrt?

Du bist so bled! Er hat mein Essen nicht vertragen.

Welches denn?

Brettljause. Er ist ursprünglich aus Syrien, arbeitet aber länger schon in Bratislava als Tennistrainer. Wir haben vorher über unterschiedliches Essen in unseren Ländern geredet.

Der war ur nett! Ich hab mir voll die Mühe gegeben, das schön zu machen. Mit Holzbrett und gezacktem Messer, wie beim Buschenschank am Land! Sogar rot-weiß-karierte Servietten hab ich gekauft!

Und was für ein Essen war drauf?

Speck, scharfe Gurkerl, Kren, dann so Hartwürste und diese eingelegten, gefüllten Paprika! Ur gut! War extra am Naschmarkt einkaufen!

Speck und Würste???? Essen Syrer Schweinefleisch?

Haha, sehr romantisch! Hier haben wir auch Makronen beim Buffet in den Farben der Deutschlandfahne ...

Bis er dann aufs Klo ging. Dann war es aus mit der Romantik.

wieso?

Er war dort mindestens eine Dreiviertelstunde ... Zuerst hab ich mir die Geräusche noch gegeben ...

Der arme Mann! Der hat das nicht vertragen!!!

Sag ich ja, du mit deinem Mitleid, für dich wär das alles nichts!

Und was hast dann gemacht?

Dann hab ich den Raum gewechselt und auf Tinder weitergewischt. Die romantische Stimmung war dahin.

Eitrige

»Mama, ich hab keine Ahnung, wo der Papa ist!«
Das Kind treibt mit dem Schwimmreifen und ihrer deutschen Freundin im Pool.

»Käääsefüße«, sagt das deutsche Kind.

»Kaaasler«, sagt meines.

Dann versuchen sie, das Wort im Dialekt der jeweils anderen nachzusprechen. Es klingt komisch und sie lachen herzhaft darüber. »Topfensprudla«, bringe ich ein und ernte verwirrte Blicke. »So kann man auch zu Beinen sagen, wenn sie schön weiß sind«, ergänze ich und zeige auf meine eigenen, die am Ende der bunten Tunika herausstrahlen. So ein Urlaub ist immer auch eine Bildungsreise. Jeder kann was mitnehmen. Ich wollte eigentlich grad den Gatten auf einen kleinen Cocktail zur Poolbar mitnehmen, aber ich konnte ihn nirgends finden. Das Aqua-Gym ist schon vorbei, also wo kann er um diese Uhrzeit hinverschwunden sein? Unsere Liege ist leer, nur sein Buch »Schiller muss sterben« liegt unbetreut und ungelesen herum. In dem Buch geht es um die irren Erlebnisse eines Reporters der *Bild*-Zeitung nach dem Mauerfall. Unmittelbar nach der Wende wird der österreichische Reporter gemeinsam mit seinem verhaltensoriginellen Chefredakteur, ebenfalls Österreicher, nach Halle geschickt, um die Lokalausgabe der *Bild*-Zeitung aufzubauen. Zwei Ösis im Osten, Megakapitalismus versus Altkommunismus. Und es zeigt ganz gut, warum das mit der Integration leichter gesagt als getan ist. Der Chefredakteur zum Beispiel behängt alle Fenster der Redaktionsräumlichkeiten mit Postern berühmter österreichischer Sehenswürdigkeiten. Fortan arbeitet die lokale *Bild*-Redaktion in Halle mit Ausblick auf das Wiener Riesenrad, die Salzburger

Bergwelten oder das Innsbrucker Goldene Dachl. Und ohne natürliche Lichtquelle, weil die Poster die Fenster vollständig abdecken … Lustiges Buch!

In der Wiese hinter dem Pool steigen plötzlich hohe Rauchschwaden auf. Irgendetwas dürfte mit den Resten der Silvester-Pyrotechnik nicht in Ordnung sein. Als sich der Rauchschwadennebel lüftet, sehe ich mitten darin den Gatten stehen. Er winkt heftig in meine Richtung. Dann formt er die Hände zu einem Trichter und ruft mir etwas zu. Ich winke zurück, kann aber kein Wort verstehen. Als ich näher komme, kann ich wenigstens Wortfetzen aufschnappen. »Barbecue!«, ruft er und wedelt weiter im Rauchnebel. Er steht da wie ein Hilfesuchender, der die Retter der Feuerwehr dringend auf seinen Standort aufmerksam machen muss.

»Huhuuu, Schaaaatz!!«, schreit er in meine Richtung. »Hier her! Sie haben gegrihhiiiillt!«

Jetzt klingt er, als ob er eine Gruppe Schiffbrüchiger anführt, die nach sieben Tagen bei nur Wasser und ohne feste Nahrung halb verhungert auf Land gestoßen sind. Und nach diesen endlosen Nächten voll Hunger und Pein kann er ihnen endlich den Weg zum Essen weisen. Dabei hat erst vor einer Stunde das Frühstücksbuffet geschlossen.

Auf der Wiese zwischen Pool und Restaurant sind zahlreiche Buffet-Standln aufgebaut worden. »Outdoor Kitchen« würde man zu Hause in hipperen Gegenden dazu sagen. Oder gleich ein »Street-Food-Festival« daraus machen. Das Wort »Grillen« ist sprachlich auch schon angezählt. Wie schnell sich doch alles verändert: gestern noch Toast Hawaii und Käseigel, heute schon Street-Food-Festival mit Barbecue. Gerade in der Hotellerie muss man sich da sehr anstrengen, um mitzuhalten und den Gästen Erlebnisse zu bieten.

Hier wird gerade auch einiges geboten. Der Gatte steht wie ein kleines Kind auf dem Rummelplatz inmitten dieser kulinarischen Pracht, umringt von kreisförmig angeordneten Ständen. »Schau, was es da wieder alles gibt!«, sagt er vorfreudig. Dann präsentiert er mir die erste Grillstation.

»Schweinenacken-Steaks« und »Würstchen« steht auf dem Schild davor. Ich schließe vorsichtig aus, dass es sich hier um das thailändische Nationalgericht handelt.

»Es ist so gut!«, sagt er und drückt mir einen Buffetteller in die Hand. »Das musst unbedingt probieren.«

Die thailändische Köchin hinter dem Griller lacht mich freundlich an. Neben ihr assistiert Ronny, der Animateur aus Halle, der gestern noch die Disko mit DJane She-Star anmoderiert hat. »He Leute, ich bin der Ronny aus Halle, und jetzt geht es gleich voll ab für alle!!«, schrie er ins Mikro. So ein Spruch bleibt in ewiger Urlaubserinnerung. Außerdem muss ich jetzt wieder an die Bild-Zeitung in Halle denken. Aber den Ronny brauch ich nicht zu fragen, ob er den Herrn Schiller aus Wien kennt, der Ronny war zur Wende noch nicht auf der Welt.

»Äh, noch 'ne Gelle druff?«, fragt er den Gatten.

Hä? Hat er jetzt gefragt, ob er noch immer geil drauf ist? Der Gatte nickt freudig und Ronny packt eine Grillwurst auf seinen Teller. Hauptsache, die zwei verstehen sich.

»Na gugge, willste von dem Schnurbselign oh noch was?«

Ich glaub, jetzt ist der Gatte auch ausgestiegen. War das Holländisch? Klingt nach Rudi Carrell. Er zuckt mit den Schultern.

»Noch 'n Gemüse?«, fragt Ronny jetzt auf Hochdeutsch.

Der Gatte stellt seine Motorik um, statt Zucken gibt es jetzt Nicken, und ein Schöpfer Grillgemüse landet neben der Wurst. Ich staune, wie schnell man wieder Hunger haben kann. Oder so was Ähnliches.

»Was ist denn das für eine Wurst?«, frage ich den Gatten und deute auf seinen Teller. »Ist das eine Käsekrainer?«

»Nein, das ist keine Eitrige«, sagt er originalgetreu auf Wienerisch.

»Ich glaube, ›Eitrige‹ kennt man in Deutschland gar nicht, oder?«, fragt der Gatte jetzt den Ronny.

Jetzt schaut der Ronny zur Abwechslung verstört zwischen mir und dem Gatten hin und her. »Nee, was ist das? Ich kenn nur eitrige Mandeln.«

»In Wien sagt man zu einer Käsekrainer auch Eitrige.« Der Gatte ist jetzt in seinem Lehrmeister-Element. »Wenn ein Scherzerl Brot dabei ist, sagt man dazu Bugl. Das kommt vom Rücken.«

Scherzerl, Bugl, Eitrige, dem Ronny schwirrt der Kopf mit uns Ösis. »Rostbratwürstchen hätten wir«, sagt er zu mir.

»Pferdewurst?« Jetzt bin ich es, die verstört schaut.

»Nicht Ross, *Rost*brodwiaschtl.« Jetzt müssen wir alle drei lachen.

»Wie eine gemeinsame Sprache trennen kann«, stellt der Gatte fest.

Unseren Esstisch hat er mit seiner Sonnenbrille reserviert. Unglaublich, wie viele Dinge man ständig braucht, um etwas zu besetzen. Tische, Liegen, Ehemänner, alles muss man besetzen, sonst ist es weg. Zufällig ist unser Tisch genau neben dem DJ-Pult, wo DJane She-Star das Barbecue mit chilligen Klängen begleitet. Der Gatte lässt sie dabei nicht aus den Augen. Er habe sie jetzt wirklich schon die längste Zeit beobachtet. Ich merke an, dass er das immer noch tue. Sie mache das sehr gut, sagt er anerkennend. Die Musikauswahl sei sehr passend zum Essen als auch zur Tageszeit. Auch die Übergänge, tadellos. »Übergänge«: super Wort auch. Früher hat man einen DJ ausschließlich danach beurteilt, ob er gute Übergänge hinbekommen hat. Ob keine störende

Pause zwischen zwei Songs aufgetreten ist. Nicht dass man die Zunge aus dem Mund des Tanzpartners nehmen muss, nur weil der DJ zwischen zwei Kuschelrock-Nummern nicht die richtigen Übergänge hinbekommt. Und dann steht man einander unsicher gegenüber und weiß nix zu reden, weil es auf einmal so leise und die ganze Stimmung flöten gegangen ist. Ein guter DJ war der, der Richard Sandersons La-Boum-Kracher »Reality« in »Mandy« von Barry Manilow hineinfließen lassen konnte. Aber wer kann schon Übergänge gut? Das ist auch im echten Leben schwer. Der Übergang in einen neuen Job. Oder der Übergang in eine neue Schule. Der Übergang in eine neue Partnerschaft, das soll ja bitte kein nahtloser sein, wo man am Ende schon die Beats des Nächsten hört.

Nein, die DJane mache ihren Job wirklich sehr gut, er sei da jetzt auch nicht besser, kommentiert er wieder in seine Grillwurst hinein. Das klingt ein bisschen wehmütig. Am liebsten würde ich zur DJane gehen und fragen, ob sie ihn nicht vielleicht auch mal kurz spielen lassen kann. Nur ein Lied oder so. Aber eines sehe er schon klar und deutlich, fährt er weiter mit seiner Analyse fort, dass die nämlich genauso eine Playlist spielt. Bissi Kopfhörer auf für die Show, bissi wischiwischi, aber in Wahrheit tratscht sie seit vier Liedern mit der Club-Mitarbeiterin. Das könnte er gewiss auch. Genauso gut! Ok, das ist jetzt offenbar der Übergang von der Bewunderungs- in die Trotzphase.

Das Wichtigste sei, dass man die Stimmung einfängt und auf sein Publikum eingeht. Wie er da so traurig mit Grillwurst sitzt, keimt eine Idee in mir auf.

»Du brauchst eine DJ-Website!«, rufe ich aus.

»Wozu?«

»Na damit sich die Leute ein Bild von dir machen können, bevor sie dich buchen.«

»Über eine Website?«

»Ja, mit Referenzprojekten, du zeigst Menschen her, die du mit deiner Musik glücklich gemacht hast!«

»Die Damen von der Weihnachtsfeier der Fleischerei, die um 18 Uhr immer schon auf den Tischen tanzen, meinst du?«

»Ja, super Idee! Und dann machen wir die Kategorie: Wenn Ihnen das gefällt, könnte Ihnen auch das gefallen …«

»Die Jubiläumsfeier vom Autohaus vielleicht? Wo der Juniorchef der Sekretärin zeigen wollte, wie man beim Polonäsetanzen hupt?«

»Ja, so ähnlich, vielleicht etwas Chill-out-Mäßigeres?«

»Den Anwalt im Landeanflug auf den Pool und mein DJ-Pult?«

Ich glaube, da muss ich noch am Vermarktungskonzept arbeiten, wenn das sein Plan B für die Zukunft werden soll. Aber mir wird schon was einfallen.

Später am Nachmittag, als wir auf unseren Liegen liegen, hören wir, wie sich ein älteres deutsches Ehepaar in der Reihe hinter uns mit seinen Liegennachbarn unterhält.

»Mensch, die DJane gestern am Strand beim Sundowner, die war richtig gut! Wie die da gespielt hat ›Die Sonne und du‹ vom Udo Jürgens, da bin ich richtig steil gegangen.«

»Jo, gell, das stimmt, Uwe«, sagt die Dame von den Liegennachbarn. »Ich sag auch immer, Heimat ist, wo man Udo Jürgens spielt.«

Moment, Udo Jürgens, der gehört doch uns! Das ist ein Österreicher! Unser erster Songcontest-Gewinner 1966. Und da bekommt meine aufkeimende Idee jetzt eine neue Wendung …

Can I speak the manager?

»Can I speak the manager, please?«, sage ich zu der freundlichen thailändischen Mitarbeiterin unserer Rezeption. Sie schaut mich mit weit aufgerissenen Augen an.

»What is your complaint?«, fragt sie mich.

»No complaint!«

Der arme Manager wird offenbar immer nur im Beschwerdefall angefordert. Ist auch ein tristes Schicksal. Wieso den Manager nie bei Good news anfordern? And I have very good news!

»I have no complaint, I just want to say …«, verdammt, wie sagt man auf Englisch, wenn man das Gegenteil von Beschwerde meint? »I just want so say some good things about the club, the animation team and the entertainment!«

Klingt jetzt nicht nach Harvard-Business-English. Egal. Das Ziel ist der Weg.

»Ok, please wait some minutes, I will go and see if he is available.« Sie verschwindet mit einem Lächeln hinter der Rezeption.

Kurze Zeit später kommt ein sehr junger, sehr sportlicher Mann aus der gleichen Tür und geht in meine Richtung. »You want to speak to the manager?«

Ist das der Manager? Wie alt ist er, 20? Ich will ihn schon fragen, ob er eventuell letzte Saison noch mit seinen Eltern hier auf Urlaub war, da streckt er mir schon freundlich seine Hand entgegen.

»My name is Andrew, I am the assistant to the manager. Nice to meet you. What can I do for you?«

Man ist irgendwie mutiger, wenn man jemanden extra hat ausrufen lassen, um ein Lob vorzubringen, als eine Beschwerde. Also schildere ich ihm ausufernd unsere hohe Zufriedenheit mit allem, was der Club so zu bieten hat.

Und dann hätte ich da noch diese klitzekleine Anfrage …

Er nimmt meine Komplimente für den Club und das Team sehr freundlich entgegen. Was die Anfrage betrifft, da sei er allerdings der falsche Ansprechpartner. Ich könne mich aber sehr gerne per E-Mail an den Manager wenden, dazu schreibt er mir die Adresse auch gleich noch auf die Rückseite seiner Visitenkarte.

In diesem Moment biegt der Gatte um die Ecke, der mich eigentlich am Büchertauschschrank vermutet hätte. Zumindest habe ich mich dorthin abgemeldet. Jetzt stehe ich da und ein attraktiver, junger Mann schreibt mir eine Mailadresse auf.

»Was machst du da?«, fragt er mich erstaunt.

»Äh, das ist eine andere Geschichte, erzähle ich ein anderes Mal. Komm, wir müssen uns für die White Night heute fertig machen!« Ich verabschiede mich höflich vom Assistent to the manager und stecke die Karte schnell in meine Tasche.

> Oh Mann! Chatte grad mit dem ur Romantiker!

> Wiewas?

> Auf die Frage, wo wir uns treffen wollen, hat er geschrieben: Wie wäre es um 18 Uhr in der Prater Hauptallee? Höhe Kilometer 2

> Ich dann: Willst du laufen gehen? Es hat minus 5 Grad?! Wollen wir nicht lieber ins Cafe Rochus bei der U3?

> Was hat er dann gesagt?

Er: Ich kann keine
Zeugen gebrauchen.

Hilfe! Das ist ein
Triebtäter! Ja nicht
treffen! Brandgefährlich!

Nein, ich fürchte nur:
schon wieder ein
Verheirateter ...

White Night

Für viele Gäste ist heute die letzte Nacht im Hotel. Daher großes
Abschiedsspektakel. Zur Feier des Tages: »White Night«-Motto
beim Abendessen. Ich durchschaue diesen Plan natürlich sofort.
Am Ende des Urlaubs holen alle ihre weißen Sachen (Anmerkung
für meine lieben deutschen Freunde: Klamotten) raus, damit die
schöne Bräune besser zur Geltung kommt. Alle außer mir.

Weil ich bin wieder weiß wie Topfen (Anmerkung für meine
lieben deutschen Freunde: Topfen = Quark). Daher kam auch der
Spitzname meiner Schulzeit: Topfnnega (deutsche Übersetzung:
so ähnlich wie Quarktasche). Das kann man heute natürlich so
nicht mehr sagen, weil politisch völlig inkorrekt. Ich trau mich
hier an der Bar auch keinen Mai Tai mehr bestellen, man weiß ja
nie. No risk!

Auf jeden Fall ist es wunderschön anzuschauen: alle Gäste, der
ganze Club in Weiß.

Ich auch. Nur mein Kleid ist eben schwarz.

Das einzige weiße Kleid, das ich besitze, habe ich schon dreimal in diesem Urlaub getragen, das geht jetzt nicht mehr. Am ersten Abend wusste ich ja noch nix von upcoming Mottopartys. Dann noch einmal beim Ausflug auf den Markt, wo es sehr gut den Geruch von allerlei Gebratenem angenommen hat. Und ein drittes Mal zu Silvester. Da war nämlich auch White Night, und ich wollte grad zu Silvester niemanden hier mit einer unpassenden Farbwahl beleidigen.

Kurz hab ich gedacht, dass schon wieder Silvester ist, weil der ganze Restaurantbereich für heute Abend so wunderschön und üppig dekoriert ist. Kunstvolle Schnitzereien aus Obst, gigantische Meerjungfrauenformationen aus Eis. Dazwischen extra aus Deutschland eingeflogen: ein neuer prominenter Fernsehkoch zum Show-Cooking! Was da prominente Fernsehköche im Luftraum zwischen Deutschland und Thailand unterwegs sind!

Für den letzten Abend hat sich die Braut noch einmal so richtig geschmückt, bevor sie danach wieder gemütlich in den Kleiderschürzen-Modus übergehen kann. Sozusagen um zu betonen, wie gut diese Wahl hier getroffen wurde, bevor man wieder abreist. In meinen Job im Marketing nennt man das »Nachkaufdissonanzen vermeiden«. Der Kunde soll sich nach dem Kauf nicht denken, dass es woanders eventuell etwas Besseres gegeben hätte. Nein, mitnichten, er muss mit voller Überzeugung sagen: »Wos Bessräs gibd's nüscht als dörr Club hier!«, wie die Mutter der Familie am Nebentisch gerade ausruft.

Auf jeden Fall, um ja nichts von der Pracht und Herrlichkeit des Abschiedsbuffets zu verpassen, sind wir schon sehr pünktlich im Hauptrestaurant. Wie die schwarze Bienenkönigin in Gefolgschaft von vielen weißen Bienen, adressiere ich mich zielstrebig in Richtung Buffet. Und siehe da, ein technisches Problem tritt auf und droht, die schöne Dramaturgie des Abends ins Schwanken zu bringen. Die Schiebetür zum Buffet geht plötzlich nur noch maximal dreißig Zentimeter auf. Aber nach zwei Wochen All-in-Buffet passt natürlich niemand mehr durch einen 30-cm-Türspalt! Außer die von der Neigungsgruppe Sport, aber die sind jetzt eh noch beim Spinning oder Core Training oder Power-irgendwas. Die kommen meistens später. Salatblätter werden ja zum Glück nicht kalt.

Weil ich die Erste vorne bei der Schiebetür bin, trete ich ein paar Schritte zurück. Weil oft ist das ja so bei Schiebetüren, dass ein Sensorproblem vorliegt. Du gehst wieder nach hinten und trittst sozusagen nochmal ein, dann öffnet sich die Tür.

Ich breite also meine Arme aus und deute dem Gefolge, wir mögen nun alle gemeinsam ein paar Schritte nach hinten schreiten, wegen dem Sensor. Um dann wieder voranschreiten.

Guade Choreo. Es tuat si nur nix. Der Türspalt verharrt unbeweglich auf 30 cm. Ich will wirklich helfen, weil sich alle hier im Hotel solche Mühe gegeben haben, um diesen Abend schön zu gestalten. Hinter mir laufen immer mehr hungrige, weiße Gäste auf. Ein Stau entsteht und je länger er dauert, desto mehr droht die Eskalation. Das soll dann das Letzte gewesen sein, was den Gästen von zwei traumhaften Wochen in Erinnerung bleibt?

Leider hilft auch kein Wedeln mit den Armen, selbst wenn die Moves sehr an den Clubtanz erinnern. Die Tür bleibt zu.

Vielleicht würde es von drinnen gehen, aber der Fernsehkoch reagiert nicht. Ich winke ihm heftig zu, deute unentwegt auf den Sensor oben. Aber er sieht es nicht und belegt weiter seine Teller.

Da wir Ösis ja zum Glück sehr praktisch veranlagt sind, schreite ich also zur Tat und greife helfend ein. Ich stelle mich direkt vor den Spalt und versuche, die Türen leicht auseinanderzudrücken.

Nix. Irgendwas klemmt. Ich drücke fester. Immer noch nix. Ich drücke noch stärker. Das muss doch gehen! Dann endlich kommt Hilfe.

Hinter dem Fernsehkoch taucht eine Clubmitarbeiterin auf, kommt direkt auf uns zu und spricht durch den Spalt zu mir. »Entschuldigen Sie bitte, unser Buffet öffnet erst in fünf Minuten. Um 19:30 Uhr.«

Das Schönste am Abschiedsbuffet waren übrigens die Makronen in den Nationalfarben schwarz-rot-gold. Leider keine rot-weiß-roten. Aber rot-weiß-rot war ich nach dem Türattentat eh selbst.

Bodenproben

Ich liege im kühlen Zimmer und zappe mich durch die thailändischen Fernsehkanäle, als Gatte und Kind vom Strand retour kommen. Er hält dabei ein kleines, durchsichtiges Sackerl mit einem seltsam braunen Inhalt in der Hand. »Was hast du da?«, frage ich ihn. »Hast du Bodenproben vom Strand und dem umgebenden Erdreich entnommen?«

»Der Papa hat bei seinem Freund etwas eingekauft«, verrät mir die junge Dame. Ich sehe uns schon in einem thailändischen Gefängnis einchecken. Nicht all-inclusive, versteht sich. Und ohne deutsche Freunde.

»Das ist Zimt«, sagt er. »Weißt du, wie gut der riecht!«

Bei Zimt werde ich schwach, besonders zu Weihnachten. Ich denke an Zimtgebäck, Zimtstangen, an unseren Weihnachtsbaum zuhause und die Muschelkrippe; allein der Gedanke an Zimt versetzt mich in ein weihnachtlich wohliges Gefühl.

»Lass mal riechen«, sage ich.

»Nein, das ist noch original verschweißt«, sagt der Gatte. »Damit das tolle Aroma erhalten bleibt.«

»Woher weißt du dann, wie gut er riecht?«, frage ich.

»Momo hat mich an einem offenen Sackerl riechen lassen.«

Ich unterziehe das verschlossene Zimtsackerl einer näheren Betrachtung. Die typische Karamellfärbung fehlt irgendwie. Es schaut hier eher braun aus, aber was weiß ich, wie thailändischer Zimt aussieht. Ein verschlossenes Packerl unbekannten Inhalts über die Grenze zu transportieren, ist aber dann doch zu viel für mich. Ich bestehe darauf, dass wir den Zimt jetzt schon öffnen und notfalls wieder verschweißen und kündige an, uns einen köstlichen Nachmittagskaffee im Hotelzimmer zuzubereiten. Wofür haben wir schließlich die Maschine im Zimmer!

Schon beim Drüberstreuen erscheint mir das Pulver gröber und dunkler. Ich kann auch das typische Zimtaroma nicht wahrnehmen. Der Gatte merkt ebenfalls kritisch an, dass es ganz anders riecht als das »Ausstellungsstück«, in das er seine Nase stecken durfte. Wir verkosten gleichzeitig den Kaffee, und genauso gleichzeitig spucken wir den ersten Schluck wieder aus. Wäh! Das schmeckt nach … Nach was eigentlich? Wir riechen beide nochmal am Sackerl. Erde! Original thailändische Erde …

On tour mit Sasha

Gleich nach dem Aufwachen fällt mir mein Traum der letzten Nacht wieder ein. Ich habe mit allen Mitarbeitern des Clubs eine Polonäse durch die Anlage gemacht. Vor mir das Zimmermädchen, hinter mir der Barkeeper der Poolbar. Beim Strand unten stellten wir uns in einem großen Kreis auf und sangen die Goodbye-Variante des Club-Songs. »Take me back to paradise. Take me back to my dreams. Take me back to the place where the sun shines all day long!« Bei »sun shines all day long« warfen wir alle die Arme nach oben und bildeten eine riesige menschliche Sonne. Vielleicht bin ich deswegen etwas verschwitzt beim Aufwachen. Der Gatte war bei der ganzen Sonnenperformance im Traum auch dabei. Der stand ein paar Meter weiter bei der Strandbar hinter dem DJ-Podest (endlich!) und rappte immer wieder rein: »Sad but true, sad but true. We must go, go, go, go …« Am Ende des Lieds formten wir alle gemeinsam die Welle, riefen laut: »Bommel!« und schmissen weißen Sand in die Luft, um Sternenstaub auf uns rieseln zu lassen. Der Traum bereitet mir trotzdem leichte Sorgen. Wie kann man nach nur zehn Tagen so eine intensive Bindung zu einem Urlaubsclub aufbauen? Das ist etwas verstörend. Also sage ich zum Gatten, als er vom Zähneputzen aus dem Badezimmer kommt, dass wir mal rausmüssen, in den richtigen Ort. Nicht zu den James-Bond-Ausflugsinseln, nicht zu den chinesischen Hotspots, nicht auf den touristischen Markt, sondern ins historische Stadtzentrum! So was muss es doch geben. Überall gibt es das. Centro historico! Er glaube das nicht, sagt er. Das nächste größere Centro sei der Flughafen. Aber ich bleibe hartnäckig – ich will »the real Thailand« sehen.

Also gehe ich zum Transferschalter unseres Clubs, wo man auch Taxis bestellen kann. Gut, man könnte auch einfach auf die Straße gehen und ein Moped anhalten. Hierzulande kann ein einziger Mopedfahrer locker uns alle drei unterbringen: Mutter und Kind auf der Lenkstange, Vater hinten auf dem Gepäckträger. Sturzhelm? Überbewertet. Ich wähle dann doch lieber die Abenteuervariante für Mitteleuropäer: ein klimatisierter Van mit drei Sitzreihen. Für mich ist der Linksverkehr Abenteuer genug.

Auf jeden Fall sind die Angestellten im Club nicht nur maximal freundlich, sondern auch sehr kostenbewusst. Daher fragt uns die Dame am Schalter, ob wir etwas dagegen hätten, uns das Taxi mit einer zweiten Familie zu teilen. Es gäbe ebengerade eine weitere telefonische Anfrage für dieselbe Fahrtstrecke.

Weil wir sowohl vernünftig als auch kommunikativ sind, stimmen wir sofort zu. Fünf Minuten später sitzen wir in einem Taxi mit Sasha und seiner sympathischen Frau. DER Sasha! Die ersten drei Minuten kann ich gar nichts sagen, weil ich so aufgeregt bin, dass ich mit so berühmten Menschen in einem Auto sitze. Das ist wie Tourbusfahren mit den Stones. Oder mit dem Salamander-Schuh-Bus und der Uschi Obermaier durch Afghanistan. Im Taxi mit Sasha, das glaubt mir keiner!

Die nächsten drei Minuten verschwende ich damit, Überlegungen anzustellen, ob ich WLAN im Taxi habe und sich eventuell eine gemeinsame Insta-Story ausgehen könnte. Ob wir vielleicht alle ein Lied anstimmen könnten? Aber dann komme ich wieder zur Besinnung. Vielleicht will man auch als Star mal seine Ruhe haben. Vielleicht will man nicht mit einer nervigen Ösi-Promi-Stalkerin in einem Taxi gefangen sein. Vielleicht will man auch mal seinen Urlaub genießen. Während ich meine moralischen Konflikte abarbeite, ist der Gatte eh schon längst in ein nettes Gespräch mit den beiden vertieft. Sasha erzählt, dass er auf Tour gehen und mehrere Standorte unseres Clubs besuchen und dort auftreten wird. Mir fällt mein Traum wieder ein. Der Clubsong! Ich schlage vor, eine Clubhymne zu kreieren. Der Gatte gibt mir einen kleinen Knuff mit dem Ellbogen, ich glaube, er hat Angst, dass ich als Nächstes vorschlage, ihn als DJ mit auf Clubtour zu nehmen. Noch bevor ich Sasha eine Einladung für meine nächste Lesebühne aussprechen kann, parkt sich der Taxifahrer bereits ein.

Am liebsten würde ich den beiden meine Handynummer auf einen Zettel schreiben und mit ihnen was trinken gehen, wenn sie wieder mal in Wien sind. Oder die neue, gemeinsam entworfene Clubhymne miteinander singen …

> Ich glaub, ich bin verliebt!

>> In den verheirateten Triebtäter?

> Nein, mit dem hab ich mich natürlich nicht getroffen. Der hat mir nachher geschrieben, dass seine Frau mit den Kindern auf Kur ist. Betrügerschwein!

>> In wen dann? In mich?

> In den Italiener! Wir haben 3 Nächte durchgechattet.

>> O sole mio! Wie heißt er?

> Luigi

>> Wie der Installateur aus Super Mario? Schick mal ein Foto!

> Ich hab nur eines, wo er auf der Firmenweihnachtsfeier einen grünen Anzug trägt mit bunter Lichterkette.

>> Großartig! Ich mag seinen Schmäh jetzt schon. Happy End!!!

Sad but true

Oliver, ein Bekannter aus Wien, hat mir gestern das Manuskript seines Buches gemailt, das er in Kürze veröffentlichen wird. »Bring's auf den Punkt«, wird es heißen. Ein Ratgeber für gezielte und effiziente Kommunikation. Schon der Titel gefällt mir und meinem deutschen Betriebssystem ausnehmend gut. Oliver lebt zwar schon lange in der Nähe von Wien, geboren ist er aber in Deutschland. Bis spät in die thailändische Nacht habe ich den Entwurf auf meinem Handy gelesen und war sehr begeistert von den Theorien. Werde ich sofort nach Rückkehr in meinen Arbeitsalltag einbauen. Stopp. Bei nächster Gelegenheit auch dem Gatten schenken. Stopp. Wo ist der eigentlich?

Ich schwimme gerade noch eine letzte Runde im Pool. Der Pool ist so groß, dass du dir bei einer einmaligen Durchschwimmung schon einen guten Überblick über die Anlage und wer wo sein könnte, verschaffen kannst. Ich schwimme bei unseren Liegen vorbei. Nichts. Die sind leer, kein Gatte zu sehen. Ich schwimme weiter in Richtung Poolbar. Dort höre ich zumindest schon mal die mir sehr bekannte Stimme. »Sad but true«, sagt er. Auch wenn ich ihn noch nicht sehen kann, sein berühmtes Abschiedszitat ist nicht zu überhören. Jeder Urlaub endet bei ihm mit diesem Ritual. Während ich beim Check-out meine Zimmerkarte auf die Budl der Rezeption lege, um ein Taxi zum Flughafen bitte und mich höflich und vor allem kurz verabschiede, beginnt der Check-out bei ihm bereits einige Tage vor der Abreise. Es werden Hände geschüttelt, Schultern geklopft, Umarmungen ausgetauscht. Und der Schlüsselsatz des Anfangs vom Ende lautet bei ihm immer: »Sad bad true.«

Sad but true, we have to go home …. Sad but true, we have to leave … Sad but true, we had such a great stay here, it was so fantastic … der zweite Teil des Satzes wird also immer mit zahlreichen Superlativen angereichert.

Das Ritual beginnt auch immer früher, oft schon in der Mitte des Urlaubs, und schließt immer alle potenziellen Kontaktpersonen mit ein. Nicht nur die Mitarbeiter der Rezeption, die Servicemitarbeiter, die Hausmeister und die Damen vom Aqua-Gym. Besonders die Damen vom Aqua-Gym! Auch die Betreuer der Kinderclubs und sämtliche Barkeeper. Viele davon sehen ihn zu diesem Zeitpunkt zum ersten Mal und wundern sich, worum es denn geht. Und natürlich auch die Zimmermädchen. Wobei er für die nicht nur ein eigenes Abschieds-, sondern auch ein Begrüßungsritual hat. Am Morgen nach der ersten Nacht in einem Urlaubshotel legt er schon den ersten Geldschein auf den Kopfpolster. Zu Beginn unserer Beziehung hielt ich das für ein unverschämtes, aber doch anerkennendes Dankeschön an mich. Bis er mir erklärte, dass dies die erste Reiseregel seiner Mama gewesen sei. Den Zimmermädchen muss man immer gleich zu Beginn ein Trinkgeld geben, um sie für die kommende Woche zu motivieren. Dann habe man es besonders schön. Das sei gutes Karma. Ich muss an eine Geschichte denken, die er mir mal erzählt hat.

Er war als Jugendlicher mit seinen Eltern in Griechenland. Während die Eltern in der Disko tanzen waren, veranstaltete er erste Experimente mit Metaxa und Bloody Mary. Als dann später alle wieder friedlich im Familienzimmer vereint schliefen, drehte sich der Tanzboden für den jungen Mann noch weiter, bis ihm ganz schwummrig wurde und er gar nicht mehr so recht wusste, wo oben und unten ist, geschweige denn, ob das jetzt die Kloschüssel oder die Lade vom Nachtkastl ist … Seitdem ist er bei

Metaxa nur sehr zögerlich im Zugriff, aber umso freigiebiger im Aushändigen von Trinkgeld an Hotelreinigungspersonal. Besonders bestätigt von der positiven Wirkung seiner Methode fühlt er sich, wenn an der Stelle auf dem Bett, wo vorher der Geldschein lag, dann ein kunstvoll gefalteter Handtuchschwan auf ihn wartet. Oder ein Handtuchaffe, der keck vom Bettrand baumelt. Oder sich küssende Schwäne. Besonders im asiatischen Raum ein sehr beliebtes Motiv, wie ich von zahlreichen Reisedokumentationen weiß.

Am Ende einer Reise gibt er dann nochmal Trinkgeld. Als abschließendes Dankeschön. Wenn er es könnte, würde er aus dem 10-Euro-Schein am liebsten auch einen Schwan falten. Ich finde das alles eine sehr sympathische Geste. Mir gab damals im Hotel, wo ich gearbeitet habe, nie jemand Trinkgeld. Dabei waren meine Mühen groß und die Bäder blitzeblank. Die Toiletten auch. Ich habe oft sogar ein Haucherl des Parfums der jeweiligen Gäste versprüht, damit sie sich wie daheim fühlen und ich nicht so verschwitzt rieche. Aber es kam kein Dank zurück. Als nach einigen Wochen immer noch keine Besserung von Seiten der Gäste zu bemerken war, musste ich Sanktionen durchführen. Was bleibt dir als schlecht bezahlter Feri-Prak (Ferialpraktikantin) sonst übrig? Also futterte ich die kleinen Schokopralinen, die ich auf den Pölstern der Gäste platzieren sollte, selbst. Das war ja auch im Sinne der Figur der weiblichen Gästinnen. Nur ich hatte am Ende des Praktikums nach acht Wochen acht Kilo mehr.

Als ich die dritte Runde im Pool schwimme, sehe ich den Gatten. Er verabschiedet sich gerade von den Eltern der bayrischen Urlaubsfreundin vom Kind. Nicht dass wir vorher je in näherem Kontakt mit ihnen gewesen wären. Man hat sich höflich zugenickt oder sich beim Frühstück gegrüßt. Kurz mal »Oh, sind die Mädchen wieder im Pool?« gesagt, das war's dann auch schon mit den Vertraulichkeiten. Das ändert sich offenbar gerade schlagartig bei der Verabschiedung. Als ich mir kurz das Wasser aus den Ohren schüttle, höre ich, wie der Gatte eine herzliche Einladung zu uns nach Wien ausspricht. Dann wendet er sich den Kölnern zu. »Sad but true« sagt er zwar nicht, aber dafür endet jetzt jede Unterhaltung mit dem Satz: »Wenn ihr mal in Wien seid … wir würden uns sehr freuen.« Ist der jetzt BFF (best friend forever) mit allen Eltern der Girls-Gang? Ich schwimme lieber weiter weg und tauche ab, bevor man mich noch dazuwinkt.

Als ich wieder Luft holen muss, höre ich: »… sehr gerne auch bei uns wohnen.« Jetzt steht er bei den Liegen der Düsseldorfer. Hilfe! Lädt der jetzt alle zu uns nach Hause ein? Wenn das so weitergeht, liegt zwischen März und Dezember jedes Wochenende eine andere deutsche Familie auf unserer Couch. Mir wird jetzt langsam kalt im Wasser, und als er außer Sicht ist und keine Gefahr mehr besteht, gehe ich zurück zur Liege. Die Bayern und die Düsseldorfer winken mir fröhlich zu. O Gott, was hat er noch versprochen?

Der Gatte ist inzwischen beim Barkeeper der Strandbar angekommen. »… great … wonderful … outstanding …«, ist zu hören. Und: »We'll see us next Christmas!«

Next Christmas? Offenbar dürften die deutschen Gäste dann unsere Wohnung verlassen haben …

Landungsklatschen

Die Maschine setzt auf dem Boden in Wien-Schwechat auf. Ich klatsche und einige andere schließen sich mir an. Das funktio-

niert immer. Außerdem finde ich, man muss es auch hinreichend
wertschätzen, dass man wieder gut nach Hause gebracht wurde.

Der Gatte schlägt die Augen auf – seinen gesegneten Schlaf
möchte ich auch mal haben. Heimlich aktivieren wir schon unsere Mobiltelefone. Weil mit einem strahlungsbedingten Absturz ist
jetzt nicht mehr zu rechnen. Pling – pling – pling. Zahlreiche
Nachrichten treffen ein. Der Gatte schüttelt den Kopf. »Was ist
los?«, frage ich. »Gibt es Probleme mit der Arbeit?« – »Wie man
es nimmt«, sagt er. Ein Kollege hat eine Anfrage an den Betriebsrat gestellt. Sie hätten gerne eine Bitcoin-Maschine im Pausen-
raum.« Die Wünsche an einen Betriebsrat können vielfältiger
Natur sein …

»Und du, was hast du für News bekommen?«, fragt er mich.

»Nix Besonderes«, sage ich und lese still und geheim die letzte
Nachricht. *Das DJ-Fotoshooting in unseren Lokalen kann jeder-
zeit organisiert werden.* Na dann kann die Planung ja losgehen!

Ich öffne mein Mailprogramm am Handy und tippe auf
Neue-E-Mail erstellen. Dann schaue ich schnell heimlich nach,
welche Mailadresse mir der junge Mann im Club auf die Visitenkarte geschrieben hat und beginne die Mail zu formulieren:

Betreff: Great Austrian DJ for the next christmas season available …

»Dear Manager of this fabulous Club in Thailand. We had a
great stay in your hotel and will come back next year for sure. You
might be interested in the information, that a very famous Austrian DJ will be available in this season too…«

Gedruckt mit freundlicher Unterstützung durch

Milena Verlag, Wien
1. Auflage 2020
ALLE RECHTE VORBEHALTEN
www.milena-verlag.at

Umschlaggestaltung: Boutique Brutal, boutiquebrutal.com
Druck und Bindung: Interpress
ISBN 978-3-903184-61-9

Weitere Titel und unser Gesamtverzeichnis
finden Sie auf www.milena-verlag.at